AF452188

BIBLIOTHÈQUE DE L'ÉCOLE

DES HAUTES ÉTUDES

SCIENCES RELIGIEUSES

VINGT-QUATRIÈME VOLUME — Fascicule **2**

RECHERCHES SUR LES CARACTÈRES DU GREC

DANS

LE NOUVEAU TESTAMENT

LE PUY, IMP. MARCHESSOU. — PEYRILLER, ROUCHON ET GAMON, SUCCES[rs]

RECHERCHES SUR LES CARACTÈRES DU GREC

DANS

LE NOUVEAU TESTAMENT

D'APRÈS

LES INSCRIPTIONS DE PRIÈNE

PAR

Jean ROUFFIAC

LICENCIÉ ÈS LETTRES

ÉLÈVE DIPLOMÉ DE LA SECTION DES SCIENCES RELIGIEUSES

PARIS

ERNEST LEROUX, ÉDITEUR

28, RUE BONAPARTE, VIᵉ

1911

INTRODUCTION

Lorsque l'apôtre Paul, quittant l'Asie pour n'y plus revenir, sortait du port de Milet, il a pu apercevoir, de l'autre
côté du golfe Latmique, sur les pentes escarpées du mont
Mycale, les murailles, le temple monumental et l'Acropole de
la cité grecque de Priène. Cette petite ville, morte depuis le
moyen âge vient de nous être rendue par des fouilles remarquables (1), complétées récemment par un volume d'inscriptions (2). Le but du présent travail est d'examiner ce que ces
dernières apportent à la compréhension historique du Nouveau Testament. Un tel propos peut paraître étrange, car
malgré sa situation entre Éphèse et Milet, en face de Patmos, Priène ne semble avoir eu aucun rapport avec les premiers missionnaires chrétiens. Aussi n'est-il pas superflu
d'indiquer rapidement ce que la science du Nouveau Testament doit aux textes grecs récemment découverts, et quels
ont été par suite ses progrès dans les dernières années.

(1) Königliche Museen zu Berlin. *Priene, Ergebnisse der Ausgrabungen und Untersuchungen in den Jahren 1895-1898*, von Theodor Wiegand und Hans Schrader unter Mitwirkung von G. Kummer, W. Wilberg, H. Winnefeld, R. Zahn, Berlin, 1904 (je cite cet ouvrage sous l'abréviation Wiegand-Schrader).

(2) *Inschriften von Priene*, unter Mitwirkung von D. Friedrich, H. von Prott, H. Schrader, Th. Wiegand und H. Winnefeld, herausgegeben von F. Frhr. Hiller von Gaertringen, Berlin, 1906 (je cite cet ouvrage sous l'abréviation *Priène*).

I

Ils portent en premier lieu sur la philologie du Nouveau Testament. Abandonné pendant des siècles par les hellénistes aux théologiens, ce livre a été considéré longtemps comme écrit dans une langue spéciale, le grec biblique, obéissant à ses lois propres. On expliquait à l'aide de l'influence sémitique, directe, ou transmise par la version des Septante, les différences considérables entre ce grec biblique et le grec classique. Enfin cette théorie trouvait son plus solide appui dans le dogme de l'Inspiration, et permettait aux dogmaticiens d'admirer comment le Saint Esprit sait transformer à son usage les langues humaines (1).

L'étude historique du grec, facilitée par les découvertes modernes, a en peu d'années, ruiné de fond en comble cette conception. Dès 1893 les remarquables études de l'abbé Viteau (2) marquaient en France la direction nouvelle : « le grec du Nouveau Testament, écrit-il dans la préface de son premier ouvrage (3), devrait être comparé perpétuellement avec le grec post-classique dans ses diverses branches : avec le grec des écrivains profanes, le grec des inscriptions des périodes alexandrine et gréco-romaine ; le grec hébraïsant ; enfin le grec chrétien... L'étude des inscriptions profiterait

---

(1) Cf. une intéressante citation de Richard Rothe (*Zur Dogmatik*, Gotha, 1863, p. 238), au début du *Biblisch-theologisches Wörterbuch der neutestamentlichen Gräcität* de H. Cremer, dont les premières éditions appliquent cette théorie. La dernière (9ᵉ éd. Gotha, 1902), sans renoncer complètement à ce point de vue dogmatique, a été mise au courant par Ad. Schlatter.

(2) Joseph Viteau, *Étude sur le grec du Nouveau Testament*, I. Le Verbe, Syntaxe des Propositions, Paris, 1893.

Étude sur le grec du Nouveau Testament comparé avec celui des Septante, II. Sujet, complément et attribut (Bibliothèque de l'École des Hautes Études, Sciences historiques, fasc. 114).

Essai sur la Syntaxe des voix dans le Grec du Nouveau Testament (R. Ph., XVIII, 1894, p. 1-41).

(3) P. LII.

surtout au lexique, à la phonétique, à la morphologie...
L'étude des inscriptions demanderait à être complétée par
celle des papyrus de l'époque post-classique; les papyrus
fourniraient une moisson abondante si la lecture en était
plus facile et plus sûre. » L'auteur ne s'est malheureusement
pas engagé dans la voie qu'il indiquait si nettement, retenu
sans doute par l'idée que les nouveaux textes sont trop frag-
mentaires et d'une lecture trop incertaine, mais surtout par
sa théorie de l'influence sur la langue du Nouveau Testament
d'un « grec hébraïsant, tel qu'on le parlait à Alexandrie, au
sein de la communauté juive » (1).

A la même époque H. A. A. Kennedy dans ses *Sources of
New Testament Greek* (2) établissait une comparaison méthodique entre le vocabulaire du Nouveau Testament, celui des
Septante et la littérature profane. Le même travail était
commencé, d'autre part, pour la phonétique et la morphologie par deux grammairiens allemands : P. W. Schmiedel,
dans sa révision de la grammaire de Winer (3), et Blass (4).
Enfin, en 1895 et 1897, les *Bibelstudien* et les *Neue Bibelstudien* de G. Adolf Deissmann (5) donnaient à la nouvelle

(1) Dictionnaire de la Bible (Vigouroux), p. 316. Cité d'après Jean Psichari :
Essai sur le Grec de la Septante (R. E. J., avril 1908, p. 174).

(2) Edinburgh, 1895.

(3) G. B. Winer, *Grammatik des Neutestamentlichen Sprachidioms*, neubear-
beitet von W. Schmiedel, Göttingen, 1894.

(4) *Grammatik des Neutestamentlichen Griechisch*, Göttingen, 1896; 2ᵉ éd.,
1902.

(5) G. A. Deissmann, *Bibelstudien. Beiträge zumeist aus den Papyri und
Inschriften, zur Geschichte der Sprache, des Schrifttums und der Religion
des hellenistischen Judentums und des Urchristentums*, Marburg, 1895. — *Neue
Bibelstudien. Sprachgeschichtliche Beiträge, zumeist aus den Papyri und
Inschriften, zur Erklärung des N. T.*, Marburg, 1895. — Un travail antérieur :
Die neutestamentliche Formel in Christo Jesu, Marburg, 1892 est déjà une
étude comparée de l'emploi de la préposition ἐν. Les *Bibelstudien* et *Neue
Bibelstudien* ont été réunies en traduction anglaise sous le titre : *Bible Studies*,
Edinburgh, 1901, 2ᵉ éd., 1903. Parmi les travaux ultérieurs de Deissmann,
citons : *Die sprachliche Erforschung der griechischen Bibel*. Giessen, 1898;
Articles *Hellenistisches Griechisch*, RE³, VII, 627-639; *Papyri*, RE³, XIV, 667-
675, et *Encyclopædia Biblica*, III, col. 3556 ss.; *Elements, Encyclopædia Biblica*,
I, col. 1258 ss.; ἱλαστήριος und ἱλαστήριον ZNW., (1903), p. 193 ss.; *Die Helle-*

méthode toute sa précision et toute sa portée : inscriptions,
papyrus et ostraca nous présentant beaucoup de textes à peu
près contemporains du Nouveau Testament, et dont l'orthographe remonte aux anciens eux-mêmes (1), il faut les comparer avec lui. La méthode était nouvelle si l'on considère
les idées qui régnaient alors; en fait, c'était la vieille et saine
méthode des anciens commentateurs, les Wetstein (2) et les
Walch (3), qui avaient tiré des œuvres littéraires et des quelques inscriptions dont ils disposaient un arsenal de parallèles
sur lequel les exégètes et les auteurs des différents lexiques
du Nouveau Testament ont travaillé pendant plus d'un siècle. On avait seulement eu le tort de ne pas continuer leur
œuvre et de classer sous la rubrique « grec biblique »,
ou « hébraïsme » tout ce qu'on n'avait pas pu relever dans la
littérature grecque. Les résultats des premiers travaux de
Deissmann furent très concluants : une foule de « particularités » du Nouveau Testament portant sur l'orthographe, la
phonétique, la déclinaison se retrouvaient, attestées souvent
par de nombreux exemples, dans les nouveaux textes; enfin,
et surtout, beaucoup de mots classés sous les rubriques
« graecitas fascitens », « vox solum biblica et ecclesiastica »,
« grec hébraïsant », etc., beaucoup de sens, de locutions et
de termes techniques considérés comme spéciaux au Nou-

nisierung des semistischen Monotheismus, Neue Jahrb. für das kl. Altertum,
1903, p. 16 ; The Philology of the greek Bible, its present and future, The
Expositor, Jan., 1908, p. 61 ss.; Die Urgeschichte des Christentums im Lichte
der Sprachforschung, Internationale Wochenschrift, 30 Oct. 1909; et surtout
Licht vom Osten, Das Neue Testament und die neuentdeckten Texte der hellenis-
tisch-römischen Welt, Tübingen, 1908, 2e et 3e éd., 1909, qui résume les résultats des ouvrages précédents et donne une introduction à la philologie du
Nouveau Testament à laquelle nous ne pouvons que renvoyer.

(1) L'ouvrage de Meisterhans avait le premier utilisé les inscriptions pour
fixer l'orthographe et la grammaire du dialecte attique : Grammatik der
attischen Inschriften, 2e éd., Berlin, 1888; 3e éd., revue par Ed. Schwyzer,
Berlin, 1900.

(2) Jac. Wetstein, Novum Testamentum Graecum, Amsteledami, 1752.

(3) Joh. Ernst Imm. Walch, Observationes in Matthaeum ex graecis inscrip-
tionibus, Iena, 1779; cf. A. Deissmann, Licht vom Osten, p. 7, n. 2.

veau Testament se présentaient également dans les papyrus et les inscriptions. La conclusion s'imposait : le « grec biblique » est une fiction et les auteurs du Nouveau Testament parlent simplement la langue populaire de leur temps.

Elle a été attaquée seulement par quelques théologiens, et d'importantes recherches grammaticales sont venues, à la même époque et dans les années suivantes la confirmer entièrement. Jannaris (1), Dieterich (2), Thumb (3) en particulier, essayant de retracer l'évolution du grec, depuis le grec classique jusqu'au grec moderne, ont reconnu l'importance linguistique des écrits bibliques et ont marqué leur place dans ce développement historique : ce sont des documents de la κοινή, ou grec hellénistique, cette langue mondiale qui avec des différences locales, d'ailleurs légères, a régné dans le bassin de la Méditerranée depuis le temps d'Alexandre le Grand jusque vers 500 apr. Chr. (4). Cette langue, et avec elle la Bible grecque, doit être étudiée pour elle-même. Mais il faut se garder de l'isoler à son tour : elle est une transition, puisqu'elle plonge ses racines dans le dialecte attique, en particulier dans l'attique vulgaire (5), et

(1) Jannaris, *An historical greek grammar*, London, 1897.

(2) K. Dieterich, *Untersuchungen zur Geschichte der griechischen Sprache von der hellenistischen Zeit bis zum 10 Jahrh. n. Chr.* Leipzig, 1908 (*Byzantinisches Archiv*, Heft 1).

(3) *Die Griechische Sprache im Zeitalter des Hellenismus.* Strassburg, 1901, en particulier chapitre V, p. 174-187 : *Die Stellung der biblischen Gräcität.* — *Die Sprachgeschichtliche Stellung des biblischen Griechisch, Theologische Rundschau*, V (1902), p. 85-99. — *Handbuch der griechischen Dialekte*, Heidelberg, 1909, p. 378 ss.

(4) D'après la définition de Thumb, *Die Gr. Spr.*, p. 9 ; cf. Ed. Schwyzer, *Die griech. Sprache im Zeitalter des Hellenismus, Neue Jahrb. für das kl. Altertum*, 1901, p. 235 ss. Il va de soi que les limites indiquées sont flottantes ; les différences locales sont encore pour une bonne part à étudier, mais on peut parler d'une certaine unité de la κοινή. Cf. Deissmann, *Licht vom Osten²*, p. 57.

(5) La part d'influence des anciens dialectes dans la formation de la κοινή devrait également être précisée ; cf. P. Kretschmer, *Die Entstehung der κοινή* (*Sitzungberichte der Winer Akademie*. 143, n° 10, 1900), et Thumb, *Handbuch*,

qu'elle aboutit, d'autre part, au grec moderne auquel,
comme l'a récemment accentué J. Psichari (1) il faut toujours la comparer.

Il fallait rappeler au début de ce mémoire quels principes
président aujourd'hui à l'étude scientifique de la langue du
Nouveau Testament. Dans cet immense champ de travail,
notre sujet nous invite à nous occuper spécialement de
l'apport des textes nouvellement découverts, en particulier
des monuments épigraphiques.

Nous n'avons pas à indiquer combien les éditeurs de tous
les pays ont facilité ce travail linguistique en accompagnant
leurs publications (2) de notes, d'index et parfois de traduc-
tions. Ils ont ainsi livré des matériaux de premier ordre qui
ont permis en peu d'années l'apparition de remarquables
travaux grammaticaux indispensables à qui veut comprendre
la langue du Nouveau Testament. Signalons ici outre ceux
de W. Jerusalem (3), de Viereck (4) et de Meisterhans (5),
ceux de Schweizer sur les inscriptions de Pergame (6) et les
tablettes magiques (7), de| Nachmanson (8) sur les inscrip-

---

loc. cit.; Aristote, Xénophon et ce que nous connaissons de la Nouvelle
Comédie fourniraient de nombreux parallèles au Nouveau Testament.

(1) J. Psichari, *Essai sur le Grec de la Septante* (*R. E. J.*, avril 1908, p. 168-
208). « Nous devons poser comme principe inéluctable que sans le grec moderne il n'y a pas de constitution possible du texte de la Septante. Elle n'est
un document linguistique qu'à ce prix. » (p. 173).

(2) Celles qui présentent un intérêt pour le Nouveau Testament sont relevées
par Deissmann, *Licht vom Osten*[2], p. 6-27.

(3) W. Jerusalem, *Die Inschrift von Sestos und Polybios, Wiener Studien*, I
(1879), p. 32-58.

(4) P. Viereck, *Sermo Graecus quo Senatus Populusque Romanus magistratus
que Populi Romani usque ad Tiberii Cæsaris ætatem in scriptis publicis usi
sunt*. Gottingue, 1886.

(5) Cf. plus haut, p. 4, note 1.

(6) Eduard Schweizer, *Grammatik der pergamenischen Inschriften*, Berlin,
1898.

(7) Eduard Schwyzer, *Die Vulgärsprache der attischen Fluchtafeln, Neue
Jahrb. für das klass. Altertum*, V (1900), p. 244 ss.

(8) Ernst Nachmanson, *Laute und Formen der magnetischen Inschriften*,
Upsala, 1903.

tions de Magnésie du Méandre ; enfin sur les papyrus, ceux de Crönert (1), Mayser (2), Kuhring (3), Rossberg (4).

En même temps, dans le domaine spécial du Nouveau Testament, les études si brillamment inaugurées par Deissmann sont continuées parallèlement par Moulton, Hatch, Milligan, Nägeli, Thieme, Helbing, Meister, Radermacher, Lietzmann, etc. Indiquer quelques-uns de leurs travaux sera le meilleur moyen de préciser les résultats obtenus et la tâche actuelle de notre discipline.

L'affirmation de Deissmann que les auteurs du Nouveau Testament parlent le grec de leur temps a été confirmée en premier lieu en ce qui concerne la grammaire : orthographe, phonétique et morphologie des Septante et du Nouveau Testament ont des parallèles dans les documents contemporains, ainsi qu'il ressort des grammaires de Moulton (5) et de Helbing (6) et des travaux préparatoires de Radermacher (7) et de Meister (8). La syntaxe n'a pas été moins étudiée (9) et les résultats sont aussi concluants ; mais sur ce point le problème est beaucoup plus délicat et les nombreux sémitismes

(1) Guillelmus Crönert, *Memoria græca Herculanensis cum titulorum Aegypti Papyrorum codicum denique testimoniis comparatam.*

(2) Edwin Mayser, *Grammatik der gr. Papyri aus der Ptolemaerzeit*, Leipzig, 1906.

(3) W. Kuhring, *De praepositionum graecarum in chartis Aegyptiis usu quaestiones selectae*, Bonn, 1906.

(4) Rossberg, *De praepositionum graecarum in chartis Aegyptiis Ptolemaeorum aetatis usu*, Ienae, 1909.

(5) James Hope Moulton, *A Grammar of New Testament greek*, vol. I, Prolegomena, 1906 ; 2ᵉ éd., 1906 ; 3ᵉ éd., 1908.

(6) Robert Helbing, *Grammatik der Septuaginta*, Laut-und Wortlehre, Göttingen, 1907.

(7) Prospectus du *Handbuch zum Neuen Testament* publié sous la direction de Hans Lietzmann, Tübingen, 1906 ; l'ouvrage lui-même n'est pas encore paru.

(8) Richard Meister, *Prolegomena zu einer Grammatik der Septuaginta*, Wiener Studien, 29 (1907), p. 228-259. Il faut rappeler ici l'article de Jean Psichari, cf. plus haut, *p. 6, n. 1.*

(9) Voir en outre, Radermacher, *Besonderheiten der Koinesyntax*, Wiener Studien, 1909, 1 ; et A. Deissmann, *Licht vom Osten* ², p. 85 et ss.

relevés par Wellhausen (1) demandent encore à être examinés.

En second lieu les études sur le vocabulaire n'ont fait que renforcer les résultats obtenus par Deissmann : de nombreux papyrus et autres textes dépouillés par Moulton (2), plus tard en collaboration avec Milligan, et les inscriptions de Magnésie du Méandre étudiées par Thieme (3), ont encore permis de rayer bien des mots de la liste du grec biblique. Il n'en est pas moins nécessaire de chercher de nouveaux documents et d'arriver à faire le départ entre ce qui est grec, ce qui est biblique et ce qui est hébraïsant (4).

Ce travail ne sera possible que lorsque nous posséderons un véritable dictionnaire du Nouveau Testament, permettant un inventaire de sa langue d'après les recherches les plus récentes (5) : car les auxiliaires actuels sont loin de donner satisfaction au chercheur, qu'ils soient la Clavis de Wilke-Grimm (6), ou sa révision anglaise par J. H. Thayer (7), ou le récent dictionnaire d'Erwin Preuschen (8),

(1) Wellhausen, *Einleitung in die drei ersten Evangelien*, Berlin, 1905, p. 14-43.

(2) Moulton, *Notes from the Papyri, The Expositor*, April 1901, p. 271-282 : id., Déc. 1903, p. 423-429 ; Moulton and G. Milligan, *Lexical Notes from the Papyri, The Expositor*, 1908, I, p. 51 ss., 170 ss., 262 ss.; II, p. 84 ss., 183 ss., 273 ss., 370 ss., 562 ss.; 1909, I, p. 88 ss., 282 ss., 375 ss., 470 ss., 559 ss. Voir aussi William H. P. Hatch, *Some illustrations of New Testament usage from Greek inscriptions of Asia Minor, Journal of biblical Literature*, vol. 27, part 2, 1908, p. 134-146.

(3) Gottfried Thieme, *Die Inschriften von Magnesia am Mäander und das Neue Testament, eine sprachgeschichtliche Studie*, Göttingen, 1906.

(4) Cf. Deissmann, *Licht vom Osten²*, p. 48 et ss.; p. 50, n. 2, D. estime les mots « bibliques » à 1 0/0 du vocabulaire, alors que Kennedy les estimait à 12 0/0. Les remarques de Wellhausen, *loc. cit.*, doivent être prises en considération, mais vérifiées ; cf. Deissmann, *op. cit.*, p. 81, n. 5; 86, n. 2; 87, n. 16; 123, n. 4, et plus bas, *p. 21 A, 41, n. 1.*

(5) Cf. Deissmann, *Licht vom Osten²*, p. 303 ss.

(6) C. L. W. Grimm, *Lexicon graeco-latinum in libros Novi Testamenti, ed. IV recognita*, Lipsiae, 1903.

(7) J. H. Thayer, *A greek english Lexicon of the New Testament being Grimm's Wilke's Clavis Novi Testamenti translated, revised and enlarged, Corrected edition*, New-York (et Edinburgh), 1896.

(8) Erwin Preuschen, *Vollständiges griechisch-deutsches Handwörterbuch zu*

malgré les enrichissements qu'il apporte du côté des Septante et de la patristique.

Enfin comme complément à ces études d'ensemble, permettant leur application aux problèmes littéraires du Nouveau Testament, il faut des études spéciales portant sur chaque écrit ou groupe d'écrits. Nous en possédons déjà plusieurs, parmi lesquelles il faut relever celles de Th. Vogel (1) sur Luc, de Th. Nägeli (2) sur les épîtres Pauliniennes et de Ed. Abbott (3) sur les écrits johanniques. Ces études permettront de préciser les rapports de chaque écrivain avec le monde grec, de mieux comprendre le caractère de ses écrits (4) et contribueront à la compréhension littéraire au Nouveau Testament.

Mais l'intérêt des nouveaux textes n'est pas épuisé lorsqu'on les a utilisés pour la grammaire ou le vocabulaire du

den Schriften des neuen Testaments und der übrigen urchristlichen Literatur, Giessen, 1910 ; cf. Deissmann, Deutsche Literaturzeitung, 1908, col. 1879, ss., 1909, col. 476 ss.

(1) Th. Vogel, Zur Characteristik des Lukas nach Sprache und Stil, Leipzig, 1897, compare surtout avec les textes littéraires.

(2) Th. Nägeli, Der Wortschatz des Apostels Paulus, Beitrag zur Sprachgeschichtlichen Erforschung des N. T. Göttingen, 1905.

(3) Edwin Abbott, Johannine Vocabulary, A comparison of the words of the fourth Gospel with those of the three, London, 1905. Johannine Grammar, London, 1906.

(4) Indiquons, comme complément à cette orientation, outre les deux premières parties de Deissmann, Licht vom Osten[2] (p. 1-100) les comptes-rendus bibliographiques de A. Thumb, Indogermanische Forschungen, I, p. 48 ss.; VI, p. 224 ss. et Archiv für Papyrusforschung, II, p. 396 ss.; III, p. 443 ss., et de H. Lietzmann, Neue Jahrbücher für das klass. Altertum, 1908, 1. En français, l'article déjà cité de Psichari ; Joseph Huby, Le grec du Nouveau Testament d'après les travaux récents (Etudes, 20 janvier 1909), et Jacquier, Histoire des livres du Nouveau Testament, tome I, 1904, p. 22 ss. et tome III (d'après Deissmann, Die Anfänge der Septuaginta Grammatik, Internationale Wochenschrift, 26 septembre 1908 ; je n'ai pas pu consulter le tome III à la Bibliothèque royale de Berlin). En anglais les articles récents de Angus, Modern Methods in New Testament Philology (The Harward Theological Review, vol. II, octobre 1909) et The Koiné, The Language of the New Testament (The Princeton Theological Review, 1910, p. 44 ss.)

Nouveau Testament. Derrière le mot il faut chercher l'idée :
en même temps que des documents linguistiques, ces textes
sont, comme chacun sait, de précieux documents de la civi-
lisation antique : ils nous permettent de nous représenter,
avec beaucoup plus de réalité que les œuvres littéraires, la
vie publique et privée du monde gréco-romain. Pour l'exé-
gète du Nouveau Testament cela veut dire : ils permettent
de reconstituer le milieu dans lequel s'est développé le
christianisme primitif. Cela est vrai surtout des papyrus.
« Celui qui les connaît un peu, dit Ulrich Wilcken (1) rencontre à chaque pas dans le Nouveau Testament des parallèles de fond et de forme qui lui permettent de saisir de
façon plus vivante les paroles de l'Ecriture » (2).

Plus froides peut-être, plus officielles, les inscriptions
n'ont pas une moindre importance. Tout d'abord par le fait
même qu'elles sont officielles. Témoignage de l'esprit public,
elles nous orientent sur les conditions générales de la vie,
sur les préoccupations communes à tous les citoyens, sur
les grands sentiments qui pouvaient agiter une cité. Nous y
lisons, et toujours avec des détails typiques, la reconnaissance envers les bienfaiteurs, l'éloge de la vertu, le souci de
l'éducation des enfants, le goût des spectacles, etc. Un autre
groupe de textes, les inscriptions cultuelles n'a pas moins
d'intérêt, en renouvelant l'étude des religions païennes (3)
dont les notions et les usages ne peuvent être négligés par
celui qui étudie le christianisme primitif. Enfin les inscrip-

---

(1) U. Wilcken, *Der heutige Stand der Papyrusforschung* (*Neue Jahrbücher
für das kl. Altertum*, 1901, p. 688).

(2) Grâce surtout aux nombreuses lettres privées qu'ils nous apportent, ils
nous révèlent l'homme antique et souvent l'homme du peuple. L'importance
de leur étude est mise en valeur, ainsi que celle des inscriptions par A. Deissmann, *Licht vom Osten*[2], *III, Die Bedeutung der neuentdeckten Texte für das
literargeschichtliche Verständnis des N. T.* et *IV, Die Bedeutung der neuentdeckten Texte für das kultur-und religionsgeschichtliche Verständnis des
N. T.* (p. 100-298).

(3) Il suffit de rappeler entr'autres ce que doivent aux inscriptions les travaux de P. Stengel, F. Cumont, J. Toutain, R. Dussaud.

tions tombales laissent parfois entrevoir le désespoir ou les espérances de l'individu (1).

N'oublions pas que l'apôtre Paul savait à l'occasion utiliser les inscriptions dans ses discours missionnaires (2) : beaucoup de celles qu'on retrouve, tant en Grèce qu'en Asie, ont pu être lues par les premiers chrétiens, et ont peut-être exercé une influence sur leur langue et sur leur pensée. Il n'est naturellement jamais possible de statuer un rapport littéraire direct, si frappant que puisse être le parallèle (3). Notre effort doit tendre plus loin : reconstituer, à l'aide de ses moyens d'expression, la mentalité de l'homme antique. Une comparaison détaillée avec celle du christianisme primitif permettrait de préciser bien des points de contact entre l'Evangile et le monde gréco-romain.

Ce problème, ainsi que les questions philologiques exposées plus haut, sont envisagés par de récents commentaires, qui groupent autour du texte du Nouveau Testament de nombreux parallèles, empruntés tant à la littérature qu'aux autres documents : sur les épîtres de Paul aux Romains, aux Corinthiens et aux Galates par Hans Lietzmann (4), sur les Synoptiques par Gressmann et E. Klostermann (5), sur Matthieu par W. C. Allen (6) et sur les épîtres aux Thessaloniciens par George Milligan (7).

(1) Rapprocher par exemple les pierres tombales de deux Thessaloniciens, *CIG*, 1973 et *CIG.*, 1988, des préoccupations exprimées 1 Thess. 4, 13. Les inscriptions funéraires ont été utilisées surtout par Erwin Rohde, *Psyche, Seelenkult und Unsterblichkeitsglaube der Griechen*, 4° éd., Tübingen, 1907.

(2) Act. 17, 23.

(3) Cf. plus bas, *p. 67*.

(4) Hans Lietzmann, *Handbuch zum Neuen Testament*, Bd. III, 1. Tübingen, 1907-1909 (en cours de publication).

(5) H. Gressmann et E. Klostermann, *Handbuch zum N. T.*, Bd. II, 1.

(6) W. C. Allen, *A critical and exegetical Commentary on the Gospel according to St. Matthew*, Edinburgh, 1907 (*The International critical Commentary*).

(7) G. Milligan, *St Paul's Epistles to the Thessalonians*, London, 1908.

Sur ces problèmes littéraires et historiques, on consultera avec profit, outre l'ouvrage de Deissmann, Paul Wendland, *Die hellenistisch-römische Kultur in ihren Beziehungen zu Iudentum und Christentum*, Handbuch zum N. T. Bd. I 2,

Nous avons pensé qu'il n'était cependant pas inutile de chercher à confirmer les résultats déjà obtenus et à préciser les problèmes en étudiant systématiquement de nouveaux documents, les inscriptions de Priène, dont il nous faut dire quelques mots avant d'indiquer le plan de notre étude (1).

II

Les ruines de Priène dominent aujourd'hui la vaste plaine du Méandre. Dans l'antiquité cette plaine était comme on le sait un golfe : l'ancienne Priène a possédé deux ports, et lors de la bataille de Ladé elle était représentée dans la flotte ionienne par 12 vaisseaux (2). Cette première Priène, ancienne colonie grecque (d'abord sous le nom de Cadmée) avait été une puissance importante de la ligue ionienne, puisqu'elle était chargée du Temple commun, le Panionion, situé dans les montagnes du Mycale. Elle avait été illustrée par le célèbre sage Bias ; mais pillée à plusieurs reprises par les Cimmériens et par les Perses, elle a disparu sans qu'il soit possible de dire aujourd'hui quel était son emplacement exact.

La nouvelle ville située sur les côtes du Mycale, bien au-

1907 (envisage surtout les textes littéraires), T. Hudson William, *The Ancient World in the Light of recent Finds* (Reprinted from The University Review January, 1909) et Moulton, *New Testament Greek in the Light of modern Discovery* (Cambridge Biblical Essays, XIV, p. 461).

(1) Notre attention a été attirée sur ces textes par M. Deissmann. Nous lui devons en outre bien des conseils de détail pour lesquels nous tenons à lui exprimer notre vive reconnaissance.

(2) Tous les textes relatifs à l'histoire de Priène étant commodément rassemblés à la suite des inscriptions (*Priène*, n° 401 ss.) nous nous contentons d'y renvoyer le lecteur, ainsi qu'à l'introduction du volume, *Stadtgeschichte und Wiederentdeckung* que nous utilisons pour cet aperçu. Une description de la ville et des fouilles, avec plan et reproductions est fournie par l'ouvrage de Wiegand-Schrader, déjà cité. On en trouve un abrégé dans l'excellent ouvrage de vulgarisation de E. Ziebarth, *Kulturbilder aus griechischen Städten* (*Aus Natur und Geisteswelt*, 131), Leipzig, 1907, p. 50-63.

dessus du niveau de la mer (1), fut fondée peu avant l'époque
d'Alexandre le Grand : celui-ci peu après la victoire du
Granique (334 av. Chr.) pouvait lui accorder l'autonomie
et consacrer le temple d'Athéna Poliade qu'elle construisait.
Dominée par une Acropole très élevée et entourée d'une
muraille en partie conservée, Priène fut bâtie de façon régulière, avec des rues parallèles et se coupant à angle droit.
Au centre de la ville se trouvait un vaste marché, orné au
nord d'un Portique monumental. Beaucoup d'autres monuments, temples (2), théâtres, gymnasion, bouleutérion, etc.
embellirent de bonne heure la jeune cité. Nous ne pouvons
songer à retracer ici son histoire à travers toutes les guerres
qui divisèrent l'Orient jusqu'à l'avènement de la puissance
romaine. Disons seulement que malgré ses débuts si favorables, malgré l'honneur de retrouver le Panionion, sa vie
fut difficile, à cause surtout de procès continuels avec les
Samiens. Elle perdit vraisemblablement la liberté après la
guerre de Mithridate, après avoir eu sous Antiochus III une
courte période d'éclat, mais sans avoir jamais joué un rôle
prépondérant. Incorporée dans la province romaine d'Asie,
elle accueillit l'Empire avec enthousiasme et consacra à
Auguste son temple d'Athéna. Sur les siècles suivants son
histoire est à peu près muette. A l'époque chrétienne seulement nous entendons de nouveau parler de la ville, qui est
un évêché dépendant d'Éphèse, et dont les évêques prennent
part aux grands conciles (3). Elle se maintint comme ville
grecque jusqu'à l'époque de l'invasion musulmane : elle fut
alors abandonnée par ses habitants et est restée déserte jusqu'à nos jours.

Depuis le milieu du XVIIIe siècle, des savants anglais,
français et allemands ont alternativement fait des fouilles à

(1) Il n'est jamais question qu'elle ait eu un port. Au temps de Strabon elle
était à 40 stades (7 k. 5) de la mer, et elle en est aujourd'hui à 15 k.
(O. Rayet et A. Thomas, *Milet et le Golfe Latmique*, 1877 ss., p. 26).

(2) Cf. plus bas, *p. 49*.

(3) Cf. plus bas. Appendice II. Le christianisme à Priène.

Priène et travaillé à éditer ses inscriptions; il était réservé aux derniers de mener l'œuvre à bien. C'est d'abord la société anglaise des Dilettanti qui étudie le temple d'Athéna, et dont les recherches permettent à Chandler (1774) (1) de publier un certain nombre d'inscriptions. Ensuite vient un français, Philippe Le Bas, dont les papiers restent indispensables à la connaissance de quelques documents importants (1843/44). Plus tard une nouvelle mission anglaise (1869/70) aboutit à la publication de E. L. Hicks (1890). Peu après le voyage de Royet et Thomas (1872/73) qui s'efforcent entr'autres de reconstituer le temple d'Athéna et dressent une carte de la région, d'autres inscriptions sont notées par Cousin et Deschamps (1886), Judeich et Winter (1887). Enfin une mission des musées royaux de Berlin, sous la direction de Th. Wiegand (1895-1898) a entrepris des fouilles méthodiques et publié leurs résultats dans un magnifique volume (1904) (2). Deux ans après ont paru les inscriptions, par les soins du savant éditeur de tant d'autres recueils, E. Freiherr Hiller von Gaertringen (1904) (3).

Nous y trouvons 382 textes, dont environ 330 inédits. Si l'on fait abstraction de 19 inscriptions provenant d'une ville voisine, Thèbes, toutes les autres sont postérieures à l'an 334 avant Chr. et après la fin du ı^{er} s. av. Chr. il n'y a plus que des documents insignifiants. Les conditions sont donc très favorables à notre étude : nos textes appartiennent à l'époque de formation de la κοινή et sont de peu antérieurs

---

(1) Pour l'ancienne littérature, dont l'intérêt est maintenant secondaire, cf. *Priène*, p. 304.

(2) Cf. p. 1, n. 1. On trouve une courte description de la ville dans E. Ziebarth, *Kulturbilder aus griechischen Städten*, 1907, p. 50-63. Cf. aussi l'intéressante vue de Priène publiée tout récemment par l'architecte Ad. Zippelius : *Priene nach den Ergebnissen der Ausgrahungen der Kgl. preussischen Museen, mit Begleitwort von Wiegand*, Leipzig, 1910.

(3) Cf. p. 1, n. 2. On trouve d'importants comptes rendus de cette publication dans *Wiener Studien*, 1907, 1-24 (A. Wilhelm) *BCH*, 1907, p. 227 et 282-288 (Holleaux) *REG*, 1907, p. 78 (A. J. Reinach), *B. Ph. W.*, 1908, fol. 803-815 (E. Nachmanson), *REG*, 1909, 313 (A. J. Reinach).

au christianisme ; leur lieu d'origine est également intéressant pour l'histoire du grec hellénistique (Ionie) et pour
celle du christianisme (voisinage d'Ephèse). Ils se répar-
tissent d'après leur contenu de la manière suivante :
I. Documents officiels (1-155) : les plus anciens, lettres de
souverains, édits, traités de toute nature ne nous fourni-
ront qu'occasionnellement des parallèles ; au contraire, des
décrets honorifiques du IIe et du Ier s. av. Chr. sont à tous
égards des sources précieuses sur lesquelles nous aurons à
revenir souvent ; enfin l'inscription 105 relative à l'introduction du calendrier asiatique (9 av. Chr.) est un document de
premier ordre pour l'étude du culte impérial. — II. Dédicaces
et autres inscriptions cultuelles (156-168) apportent surtout
des textes intéressants sur la vente des charges cultuelles et
des ordonnances relatives aux cultes égyptiens. — III. Statues honorifiques (222-286), a. empereurs romains et leur
famille, b. statues de particuliers élevées aux frais de la
ville, c. statues élevées par des particuliers. — IV (287-312)
Inscriptions tombales (très insignifiantes). — V (313-353)
Graffiti, qui apportent de nombreux noms propres. —
VI (354-360). Ustensiles divers.

III

La comparaison de ces textes avec le Nouveau Testament,
à l'aide de la méthode que nous avons essayé d'exposer plus
haut, nous a donné un certain nombre de parallèles que
nous grouperons de la façon suivante. La première partie
de notre étude, consacrée à la grammaire, envisagera des
questions d'orthographe, de phonétique de morphologie et
quelques particularités de l'emploi des prépositions. Toute
la suite du travail sera consacrée au vocabulaire. La deu-
xième partie, Vocabulaire et Syntaxe sera surtout philolo-
gique : examen de prétendus mots bibliques ou de constructions dites hébraïsantes, de sens spéciaux au grec

chrétien, relevé de termes appartenant à la χοινή et qui se retrouvent dans le Nouveau Testament. La présence dans les deux groupes de textes de plusieurs termes techniques et de nombreuses locutions courantes, enfin plusieurs parallèles avec le vocabulaire de Luc poseront déjà le problème des rapports du Nouveau Testament avec le monde grec. La troisième partie, portant sur la langue religieuse et morale contribuera plus spécialement à l'étude de ce problème, en recherchant ce que la langue technique des cultes païens, en particulier du culte impérial, et les expressions de la morale populaire apportent à la compréhension historique du Nouveau Testament. Enfin nous consacrerons un premier appendice à l'étude de quelques noms de personne; puis quelques pages à relever les traces que le christianisme a laissées à Priène.

ABRÉVIATIONS

Angus, The Koiné, cf. p. 9, n. 4.

Archiv = Archiv für Papyrusforschung und verwandte Gebiete, Leipzig, 1900 ss.

Bailly = A. Bailly, Dictionnaire grec français, Paris 1895.

B.C.H. = Bulletin de correspondance hellénique, Paris.

B.G.U. = Berliner Griechische Urkunden, 1895 ss.

Blass. cf. p. 3, n. 4.

B.Ph.W. = Berliner Philologische Wochenschrift.

Cagnat = R. Cagnat, Inscriptiones graecae ad res Romanas pertinentes, Paris, 1901 ss.

CIG = Corpus inscriptionum graecarum, ed. Boeckh, Berolini, 1828-77.

CIL = Corpus inscriptionum latinarum, ed. Th. Mommsen, etc. Berolini, 1863 ss.

Clavis = W. Grimm, Lexicon Graeo-Latinum in libros Novi Testamenti, ed. quarta recognita, Lipsiae 1903.

Constantinidès = Μέγα λεξικὸν τῆς ἑλληνικῆς γλώσσης, ἀνέστη Κωνσταντινίδου, ἐν Ἀθηναῖς, 1901.

Cremer[9], cf. p. 2, n. 1.

Crönert, cf. p. 7, n. 1.

Daremberg et Saglio = Dictionnaire des antiquités grecques et romaines, réd. sous la dir. de Ch. Daremberg et E. Saglio, Paris 1877 ss.

Deissmann, B = Bibelstudien, cf. p. 3, n. 5.

Deissmann, N.B = Neue Bibelstudien, cf. p. 3, n. 5.

Deissmann, Die Hellenisierung = Die Hellenisierung des semitischen Monotheismus, cf. p. 3, n. 5.

Deissmann, Licht vom Osten[2], cf. p. 4, note.

Dieterich, cf. p. 5, n. 2.

Dittenberger, Orient. = Wilhelm Dittenberger, Orientis Graeci Inscriptiones Selectae, Leipzig, 1903 et 1905.

Dittenberger, Sylloge[2] = Wilhelm Dittenberger, Sylloge inscriptionum graecarum[2], Leipzig, 1898-1901.

Gerlach = Gunter Gerlach, Griechische Ehreninschriften, Halle 1908.

Harnack, Mission[2] = A. Harnack, Die Mission und Ausbreitung des Christentuns in den ersten drei Jahrhunderten, 2e ed. Leipzig, 1906.

Hatch, Illustrations of N. T., cf. p. 8, n. 2.

Helbing, cf. p. 7, n. 6.

Van Herwerden I = Lexicon graecum suppletorium et dialecticum, Lugduni Batavorum, 1902.

Van Herwerden II = [Appendix Lexici graeci, Lugduni Batavorum, 1904.

Hierapolis = Altertümer von Hierapolis, Berlin, 1898 (W. Judeich).

IG = Inscriptions Graecae, Berolini, 1873, ss.

W. Jerusalem, Wiener Studien, cf. p 6, n. 3.

Kennedy, Sources, cf. p. 3, n. 2.

Lambertz, 1907 = Die griechischen Sklavennamen, Jahresbericht über das K. K. Staatsgymnasium im VIII Bezirke Wiens, 1907.

Lambertz, 1908 = id. ibid., 1908.

Lietzmann, cf. p. 11. n. 4.

Magie = de Romanorum juris publici sacrique vocabulis sollemnibus in graecum sermonem conversis, scripsit David Magie, Lipsiae, 1905.

Magnésie = Königliche Museen zu Berlin, Die Inschriften von Magnesia am Maeander herausgegeben von Otto Kern, Berlin, 1900.

Mayser, cf. p. 7, n. 2.

Meisterhaus[2], cf. p. 4, n. 1.

Melcher = Paul Melcher, De sermone Epicteteo quibus rebus ab Attica regula discedat, Halis Saxonum, 1906.

G. Meyer[3] = Gustav Meyer, Griechische Grammatik[3] (Indogermanische Grammatiken, Bd III), Leipzig, 1896.

Michel = Ch. Michel, Recueil d'inscriptions grecques, Bruxelles. 1900.

Milligan, Thess., cf. p. 11, n. 7.

Milligan, Selections = G. Milligan, Selections from the greek
Papyri, Cambridge, 1910.

Moulton, Characteristics = James Hope Moulton, Characteristics
of N. T. Greek. The Expositor, 1904, IX et X.

Moulton, Cambridge Biblical Essays = Essays on some Biblical
Questions of the day, by membres of the University of Cam-
bridge, edited by H. B. Swete, 1909, XIV, p. 461 : New Testament
Greek in the Light of modern Discovery.

Moulton, Grammar³, I, cf. p. 7, n. 5.

Moulton, Notes, 1901, 1903, 1908, 1909 ; cf. p. 8, n. 2.

Nachmanson, cf. p. 6, n. 8.

Nägeli, cf. p. 9, n. 2.

Pauly-Wissowa = A. Paulys Real-Encyclopädie der klassischen
Altertumswissenschaft, Neue Bearb. hrsg. von G. Wissowa,
1894 ss. (en cours de publication).

Phryn. ed. Lob. = Phrynici Eclogæ, ed. Lobeck, Lipsiae, 1820.

P. Lille = Institut papyrologique de l'Université de Lille, Pap.
grecs, publiés sous la direction de P. Jouguet, Paris, 1907, ss.

P. Lond. = F. G Kenyon, Greek Papyri in the British Museum,
1893, 1898.

P. Oxy. = P. B. Grenfell and A. S. Hunt, The Oxyrrhyncos Papyri,
1898 ss.

Priène = Inschriften von Priene, cf. p. 1, n. 2.

RE³ = Realencyclopädie für protestantische Theologie und Kirche
Begr. von J. Herzog, 3ᵉ Aufl. hrsg. von A. Hauck, 1896-1909.

R. E. G. = Revue des études grecques, Paris.

R. E. J. = Revue des études juives, Paris.

R. Phil. = Revue de Philologie, Paris.

Rossberg, cf. p. 7, n. 4.

Schleusner Lex. = Novum Lexicon graeco-latinum in Novum Testamentum. Lipsiae, 1808.

Schürer³ = Geschichte des jüdischen Volkes im Zeitalter Jesu
Christi. 3ᵉ Aufl. Leipzig, 1901.

Schweizer, cf. p. 6, n. 6.

Searles = Helen M. Searles, A lexicographical Study of the greek
Inscriptions, Chicago, 1898.

Stapfer = Le Nouveau Testament, traduit par Edmond Stapfer,
Paris, 1899.

P. Stengel = Die griechischen Kultusaltertümer, 2ᵉ éd. 1898.

München (Handbuch der klassischen Altertumswissenschaft, V, 3.).

Thieme, cf. p. 8, n. 3.

Thumb, Die Gr. Sprache, cf. p. 5, n. 3.

Trench = R. Ch. Trench, Synonyma des Neuen Testaments, ausgewählt und übersetzt von H. Werner, Tübingen, 1907.

Vettius Valens = Vettii Valentis anthologiarum libri, primum edidit Guilelmus Kroll, Berolini, 1908.

Viereck, cf. p. 6, n. 4.

Th. Vogel, cf. p. 9, n. 1.

Wetstein, cf. p. 4, n. 2.

Wiegand-Schrader, cf. p. 1, n. 1.

Wilcken. O. = Ulrich Wilcken, Griechische Ostraka aus Aegypten und Nubien, Leipzig, 1899.

Winer-Schmiedel, cf. p. 3, n. 3.

Th. Zahn, Einleitung[3] = Einleitung in das Neue Testament, 3e Aufl. Leipzig, 1906, 7.

Z. N. W. = Zeitschrift für die neutestamentliche Wissenschaft, 1901, ss.

PREMIÈRE PARTIE

ORTHOGRAPHE ET GRAMMAIRE

I. Questions d'orthographe et de phonétique.

Iota souscrit. — N'apparaît dans les Manuscrits de la Bible qu'à partir du vⁱⁱᵉ siècle (1). Dans les inscriptions il n'est jamais souscrit, mais ascrit : de façon très régulière jusqu'au 1ᵉʳ siècle avant Chr., ensuite très irrégulièrement, et il est rare dans les inscriptions attiques de l'époque impériale (2). Priène, 11, 7 (vers 297 av. Chr.) διασώιζειν, mais 17, 28 (après 278 av. Chr.) ἔσωσεν. Plus tard les deux formes se côtoient avec une remarquable inconséquence : 109, 7 εἰκόνι χαλκῆι | τε καὶ χρυσῆι καὶ μαρμαρίνη (vers 120 av. Chr.) 112, 19, 63 ; 113, 5-7, 85 (après 84 av. Chr.) τῆι Ἀθηνᾶ τῆι Πολιάδι, etc. Le même mot peut être écrit de façon différente à quelques lignes de distance : 109, 1, 4, 5, 275 Ἡρώιδης, 252, 267 Ἡρῴδης, 264 Ἡρώνδης (l'iota souscrit est naturellement ajouté par l'éditeur).

____

(1) Winer-Schmiedel, p. 41 ss.; Blass, p. 8 et 47; Helbing, p. 3 ss.

(2) Meisterhans², p. 52 ss.; voir une étude sur l'emploi dans les papyrus, avec statistique, dans Mayser, 119-134.

Changement de voyelles. — A-E. Τέσσερα (Apoc. 4, 6 ; 5, 8, 14 ; 19, 4 ; Joh. 19, 23) τεσσεράκοντα (Mat. 4, 2 ; Marc 1, 13 ; Luc, 4, 2 ; Joh. 2, 20, etc.) pour τέσσαρα, τεσσαράκοντα (1) sont assez fréquents dans la κοινή, quoique ne se rencontrant pas souvent dans les Papyrus (2). Nous trouvons à Priène τέσσαρας (108, 109, ap. 129 av. Chr.) τέσσερας (37, 120. rhod., IIe s. av. Chr. ; 140, 15, IIIe s. av. Chr. ; 195 ; 6, IIe s. av. Chr.) τεσσεράκοντα (37, 127, rhod.) et [τεσσ]εράκοντα (84, 4, IIe s. av. Chr.).

La forme attique ἕνεκα ne doit être maintenue dans le N. T. que Act. 26, 21 (3). On sait qu'à partir du IIIe siècle avant Chr. elle tend à laisser la place à ἕνεκεν, forme probablement ionienne (4). L'usage de Priène ne diffère pas de celui d'Athènes (5). Les plus anciennes inscriptions portent ἕνεκα (4 ; 8 ; 17 ; 18 : IVe et IIIe s. av. Chr.), ἕνεκεν apparaît vers le milieu du IIIe siècle (19 ; 23) et est de beaucoup le plus employé dans les siècles suivants ; ἕνεκα devient rare, sans disparaître complètement : 108, 75, 215, etc. (mais 108, 327, ἕνεκεν. 129 av. Chr.) 111, 194 (Ier s. av. Chr.).

Par contre le N. T. dit φιάλη (Apoc. 5, 8, etc.) (6) et non comme le grec hellénistique φιέλη (7). Cette dernière forme : Priène 113, 92 (84 av. Chr.)

H-E. On a voulu faire de ἀνάθημα et ἀνάθεμα deux mots distincts, le second ayant le sens spécial de malédiction, anathème (8). En réalité il s'agit d'un changement de voyelles et ἀνάθεμα est simplement la forme hellénistique pour ἀνάθημα, comme ἐπίθεμα pour ἐπίθημα, σύνθεμα pour σύν-

---

(1) Blass, p. 20 ; Helbing, p. 5-6 ; Dieterich, p. 4-5 ; Nachmanson, p. 146 ; Schweizer, p. 163 ; Mayser, p. 14 et 57.

(2) Moulton, *Notes*, 1904 (April), p. 282 ; *Grammar* I³, 45.

(3) Winer-Schmiedel, p. 50 ; Blass, p. 21.

(4) Thumb, *Die Gr. Sprache*, p. 57.

(5) Meisterhans³, p. 216 ; au IIe siècle avant Chr. les formes ἕνεκα et ἕνεκεν sont dans la proportion de 4 à 22.

(6) Winer Schmiedel, p. 50 ; Blass, p. 21.

(7) Schweizer, p. 36 ; G. Meyer³, p. 400.

(8) Cf. déjà Theodoret, *ad Rom.*, 9, 3.

θημα (1). Nous relevons la forme ἀνάθεμα Priène 111, 211 ;
118, 7 (1er s. av. J.-C.). Le sens nouveau, qui d'ailleurs se
rencontre déjà dans le paganisme (2) n'a pas occasionné la
forme nouvelle.

E-EI. **Disparition de l'ι :** Ἀρεοπαγίτης (Act. 17, 24) ;
πλέον (Luc 3, 13, Act. 15, 28) (3) qui est d'ailleurs la forme
attique (4). Rapprocher ἀτέλεαν, Priène 108, 324 (129 av. Chr.)
παιδίας 117, 58. (1er s. av. Chr.) Φλέος, 174 (IIe s. av. Chr.) (5).

I-EI. La forme ὠφέλια que lisent certains manuscrits
(Rom. 3, 1, Jude, 16) a déjà existé à l'époque attique (6). Nous
la rencontrons Priène 11, 5 (vers 297 av. Chr.) ; même cas
pour κακοπάθεια et κακοπαθία qui ont déjà été souvent étudiés (7). La dernière forme se trouve seule à Priène : 123, 7
(fin du IIe s. av. Chr.) 121, 28 (début du 1er s. av. Chr.). Rapprocher προμηθία 109, 33 (vers 120 av. Chr.).

Tischendorf lit Act. 17, 19 et 22 (8) Ἄριος πάγος. Disparition analogue de l'ε dans Ἡρακλίτου Priène 313, 397, Ἰρη-
ναίου, id., 434, Φιδίου, id., 651, etc. (1er siècle av. Chr.)

Par contre, la forme δανίσασθαι (Matth. 5, 42 ; Luc 6,
34 ss. ; 7 41) ne se trouve pas dans nos inscriptions (9) : 111,
203 δανεισαμένοις (début du 1er s. av. Chr.)

Contraction. On lit dans Westcott-Hort, Col. 2, 16 νεομη-
νία (10), qui se trouve plusieurs fois de façon sûre dans les
LXX (11). Dans les Papyrus du temps des Ptolémée on trouve

---

(1) RE³, I, 493 (Heinrici) ; Moulton, *Grammar* I², p. 46 : Schweizer, p. 47.
(2) Nägeli, p. 49 ; Deissmann, *ZNW*, 11 (1901), p. 342, *Licht vom Osten²*,
p. 63.
(3) Winer-Schmiedel, p. 42 ; Blass, p. 22.
(4) Meisterhans², p. 110 ss. ; Schweizer, p. 57.
(5) Relevés par Nachmanson. *B. Ph. W.*, 1908, col. 803-813.
(6) Winer-Schmiedel, p. 45 ; Blass, p. 9 ; Meisterhans², p. 44.
(7) Meisterhans², p. 42 ; Deissmann, *N. B.*, p. 91 ; Nachmanson, p. 41 ;
Thieme, p. 7 ; cf. Jac. 5, 10. Cf. Milligan, *Selections*, 52, 25 : ἡ θία πρόνοια
(IVe s. ap. Chr.).
(8) Winer-Schmiedel, p. 45.
(9) Winer-Schmiedel, p. 45, pas non plus à Magnésie, cf. Thieme, p. 7.
(10) Winer-Schmiedel, p. 53.
(11) I Sam. 20, 5 ; II Rois 4, 24 ; Ps., 80, 4. cf. Helbing, p. 10.

la forme régulière νουμηνία; de même dans les inscriptions (1). Celles de Priène nous présentent seulement la
forme contracte 105, 21, 50, 74, 75, 79 (9 av. Chr.), etc.

Assimilation. Matth. 19, 28, Tite 3, 5, on lit sans assimilation παλινγενεσία, et les différents manuscrits du N. T. et
des LXX offrent beaucoup d'exemples analogues (2). La
chose n'est pas rare non plus dans les inscriptions (3). Citons
par exemple à Priène quelques exemples du ιer siècle avant
Chr. : 105, 23 ἐνβαίνειν; 105, 40 εὐανγελίων; 113, 107, ἀναν-
γελία, etc.

Changement de consonnes. Δ-Θ. Thumb (4) remarque que
les formes οὐθείς et μηθείς apparaissent dans tout le monde
grec à partir du 4e siècle, sont très répandues au début de
notre ère et disparaissent ensuite peu à peu sans laisser
aucune trace. Elles se côtoient dans les inscriptions de
Priène : par exemple 107, 14 : οὐδενός, id. 21 οὐθενί (ιer s.
av. Chr.). Les formes en θ sont plus fréquentes dans les LXX
que dans le N. T. où il n'y en a que quelques exemples (5).

Z-Σ. La lecture Ζμύρνα qui se trouve dans quelques manuscrits du N. T. (Apoc. 2, 8, etc.) (6) a un parallèle dans Priène
65, 14 et 15 : Ζμύρναν, Ζμυρναίους (7). Phocée, 190 av. Chr.

Note. — Je ne crois pas utile de noter la chute de la
voyelle dans (ἐ)θέλω, et d'une consonne dans γι(γ)νώσκω,
γί(γ)νομαι. L'usage de Priène est conforme à celui du N. T. :
toujours θέλω, γινώσκω, γίνομαι (Winer-Schmiedel, p. 54 et
65; Blass, p. 23, par. 6, et p. 25; Helbing, p. 14 et 21).

---

(1) Cf. par exemple Schweizer, p. 100 ; Thumb, *Die Gr. Sprache*, p. 73.

(2) Wiener-Schmiedel, p. 54 ss. ; Blass, p. 12 ; Helbing, p. 17 b ; Westcott-
Hort, Append. 149 ss.

(3) Nachmanson, p. 104.

(4) *Die gr. Sprache*, p. 14. Sur l'emploi dans les inscriptions et les Papyrus,
voir Meisterhans³, p. 258 et note 2013, Schweizer, p. 112 ss. ; Nachmanson, p. 77 ;
Mayser, p. 180 ss. et surtout Crönert, p. 155 ss. ; dans Epictète, cf. Melcher, p. 6.

(5) Winer-Schmiedel, p. 61, n. 62 ; Blass, p. 24 ; Helbing, p. 17 ss. ; Moulton,
Grammar I³, p. 56 (Additional Notes).

(6) Winer-Schmiedel, p. 59 ; Blass, p. 10, par. 9 ; Moulton, *Characteristics*,
p. 362.

(7) Cf. 313, Ζμίνδαρος pour Σμίνδαρος.

II. Remarques sur la déclinaison.

ἡ θεός, ἡ θεά. Thieme relève la forme ἡ θεός, Actes 19, 37, forme littéraire, à côté de ἡ θεά, qui appartient à la κοινή et cite des exemples dans les inscriptions de Magnésie (1). De même à Priène nous rencontrons 4 fois ἡ θεός pour désigner l'Athéna locale (109, 216, vers 120 av. Chr. ; 118, 17 ; 112, 107, 1ᵉʳ siècle av. Chr. ; 246, 19, ɪɪɪᵉ s. ap. Chr.). La même déesse est appelée ἡ θεά 111, 180, 181, 206 et 283 ; 119, 15 (1ᵉʳ s. av. Chr.), et ce substantif s'applique 225 à Julie, fille d'Auguste.

Les accusatifs pluriels en -εῖς qui remplacent dans les noms en -εύς la forme régulière -έας apparaissent à Athènes, à partir de 307 av. Chr. (2). Leur fréquence dans les papyrus au temps des Ptolémée est relevée par Mayser (3), et Thieme les signale à Magnésie (4). Il faut noter à Priène τοὺς ἱερεῖς 11, 31, vers 297 av. Chr. 14, 21, vers 286 av. Chr.) τοὺς βασιλεῖς (18, 2, 270-262 av. Chr. ; 108, 165, apr. 129 av. Chr.). Cet accusatif est de règle dans le N. T., de même que dans les ʟxx (5).

χάριτα est moins fréquent que χάριν dans les inscriptions de Priène : seulement 109, 132 (120 av. Chr.), 136, 13 (ɪɪᵉ s. av. Chr.). Il en est de même dans celles de Magnésie (6), mais les décrets romains, relevés par Viereck, préfèrent χάριτα (7) ; Par contre, les papyrus étudiés par Mayser igno-

---

(1) Thieme, p. 10 ; Nachmanson, p. 126 ; relevés par Moulton, *Grammar.* I³, p. 244. Voir d'autres textes dans Meisterhans³, p. 125, 4. Schweizer, p. 144.
(2) Meisterhans², p. 110, 8.
(3) P. 270 ss.
(4) P. 11 ; Nachmanson, p. 132.
(5) Blass, p. 26 ; Helbing, p. 43.
(6) Thieme, p. 11 ; Nachmanson, p. 133.
(7) P. 59.

rent cette forme (1). Le N. T. l'a 2 ou 3 fois (Act. 24, 27; 25,
9 A) Jude 4, et 40 fois χάριν (2).

'Απελλῆν, Ro. 16, 10. Cet accusatif remplace à Athènes,
dès le 4ᵉ siècle, l'ancienne forme en ῆ (3). Nous le trouvons
également à Priène : 248 (1ᵉʳ s. av. Chr.).

Les *noms propres en ᾶς* ont dans le N. T. le génitif en ᾶ (4).
On rencontre à Priène, à côté de ce génitif en ᾶ, des formes
en -ᾶδος et très souvent aussi ᾶι (cf. Index, p. 259, col. 3 et
l'inscription 313, du 1ᵉʳ siècle après Chr. où l'on trouve de
nombreux exemples des 3 formes).

χρυσοῦς. Les manuscrits des LXX et du N. T. hésitent souvent entre les formes contractes et les non contractes (5),
d'origine ionienne, qui ne sont d'un usage général qu'au
1ᵉʳ siècle de notre ère (6). Elles se trouvent naturellement à
Priène avant cette époque 19, 38 χρυσέωι στεφά[νω]· ἀπὸ χρυσῶν δέκα (χιλίων) (2ᵉ moitié du IIIᵉ siècle avant Chr.), 117, 72
[στεφ]άνῳ χρυσέωι ἀπὸ χρυσοῦ (1ᵉʳ siècle avant Chr.), etc... mais
χρυσῶν ἀναθεμάτων, 111, 211 (début du 1ᵉʳ siècle avant Chr.).

III. Remarques sur la conjugaison.

Augment. Manque devant la diphtongue εὐ : εὐεργέτησαν,
LXX. Sag. Sal., 11, 5 (7); de même Priène 105, 46 (9 av. Chr.)
εὐεργέτησεν; cf. 108, 109 εὐχρηστήσεν (après 129 av. Chr.).

L'augment en η- est de règle dans le N. T. pour βούλομαι,

---

(1) Mayser, p. 272.

(2) Winer-Schmiedel, p. 88; Blass, p. 26; de même dans les LXX où le traducteur de Zach. emploie seul χάριτα (4, 7 et 6, 14). Cf. Helbing, p. 40.

(3) Meisterhans², p. 104-107; Dieterich, p. 158 ; [Winer-Schmiedel], p. 94 ;
Blass, p. 31.

(4) Winer-Schmiedel, p. 94; Blass, p. 31; Schweizer, p. 139; Nachmanson,
p. 120.

(5) Blass, p. 25, Χρυσέων Apoc. 2, 1. A. C. -εους, 4, 4 ℵ. -εας, 5, 8 ℵ; Helbing, p. 34, ss.; Moulton, *Characteristics*, p. 363 ; Angus, The κοινή, p. 73.

(6) Schweizer, p. 141; Mayser, p. 293 ss.; Crönert, p. 178.

(7) Helbing, p. 75; cf. Meisterhans², p. 136, 14.

pour l'aor. de δύναμαι, et se rencontre à côté de ε- pour l'imparfait de δύναμαι et pour μέλλειν (1). Les deux formes alternent également dans les LXX (2). Nous savons qu'à Athènes le η- apparaît vers 300 avant Chr. (3). Nous ne trouvons qu'une seule fois ε- à Priène : 11, 5 (297 av. Chr. ἔμελλον.

Futur contracte. Tend à disparaître dans la κοινή au profit des formes avec σ. Alors que les verbes en ίσω conservent à Athènes leur futur contracte (4), nous trouvons à Priène ἐμφανίσει (59, 29, vers 200 av. Chr.), mais aussi ἐμφανιοῦσι (14, 11, vers 286 av. Chr.) et χαριοῦνται (68, 14, vers 100 av. Chr.). Il faut remarquer que dans le N. T. la forme contracte se rencontre surtout à la troisième personne au pluriel, et qu'ailleurs elle est rare (5). Les verbes en -έω y font toujours -έσω; de même à Priène, sauf 201, 7 ; 202, 7 : συντελεῖ (vers 200 av. Chr.). Ces formes se rencontrent également à Athènes à partir de 200 av. Chr. (6).

τέτευχεν Hebr. 6, 8 (א° B Dᶜ E) est un parfait hellénistique (7). Aux nombreux exemples déjà connus, ajouter Priène 119, 9 [τέ]τευχεν (1ᵉʳ s. av. Chr.) et 108, 287 τετευχέναι (129 av. Chr.).

IV. Remarques sur l'emploi des prépositions.

Εἰς tend à remplacer ἐν (8). C'est ainsi que dans les décrets de Priène la formule ἀναγράψαι τὸ ψήφισμα ἐν τῇ στήλῃ

---

(1) Winer-Schmiedel, p. 99, Blass, p. 37.
(2) Helbing, p. 71.
(3) Meisterhans², p. 134.
(4) Meisterhans², p. 143.
(5) Winer-Schmiedel, p. 106; Blass, p. 41.
(6) Meisterhans², p. 143; Dieterich, p. 244. La contraction est encore fréquente dans les LXX, Helbing, p. 86 ss.
(7) Winer-Schmiedel, p. 104; Blass, p. 57. Moulton, *Grammar*. I³, p. 56; Helbing, p. 101, 102; Crönert, p. 279; Mayser, p. 374.
(8) Exemples du N. T. Blass, p. 119 ss; cf. Meisterhans³, 215, 21.

varie avec ἀναγράψαι τὸ ψ. εἰς τὴν στήλην, et στῆσαι ἐν τῷ ἱερῶι avec στῆσαι εἰς τὸ ἱερόν (nombreux exemples, cf. index : ἀναγράφω et ἵστημι).

Deissmann (1) relève l'emploi de εἰς pour désigner le but de dons ou de collectes.

Nous trouvons un cas analogue Priène 108, 151 (après 129 av. Chr.) τὴν εἰς αὐτοὺς μισθοφορὰν | [ἐ]κ τῶν ἰδίων χορηγῶν, fournissant de ses propres ressources la solde pour les soldats.

Blass (2) et Wellhausen (3) considèrent la construction εἶναι εἰς (par ex. Matth. 19 5) comme hébraïsante. Il faut leur opposer avec Deissmann (4) un décret d'Erythres du iie siècle avant Chr. où nous lisons [τ]αῦτα δὲ εἶναι εἰς φυλακὴν τῆς πόλεως (Priène 50, 39).

Ἀπό peut désigner la matière (5) : ἀπὸ τριχῶν καμήλου, Matth. 3, 4 ; cf. Priène 117, 72 (i^{er} s. av. Chr.) στεφανῶσα[ι...... στεφ]άνῳ χρυσέωι ἀπὸ χρυσοῦ.

L'emploi de ἀπό pour désigner la contrée où l'on se trouve (6) est attesté dans nos inscriptions par deux décrets émanant de villes étrangères : Priène 51, titre, 2, 5 [Ἡρακλεῶται] ἀπὸ Λάτμου καὶ Ἀμ[υ]ζονεῖς ἀπὸ Πέτρας, id. 17. (2e moitié du iie s. av. Chr.) et 44, 1 (titre) ὁ δῆμος ὁ Ἀλεξανδρέων τῶν ἀπὸ τῆς Τρώιας (iie s. av. Chr.).

L'expression ἀπὸ τοῦ νῦν, désormais, fréquente chez Luc (cf. aussi ii Cor. 5, 16) est signalée par Deissmann (7) dans plusieurs papyrus. Nous la trouvons aussi Priène 105, 72 (9 av. Chr.).

---

(1) *N. B.*, p. 23 ; cf. aussi *B.*, p. 113 ss. à propos de II Cor. 9, 1.

(2) P. 85.

(3) *Einleitung in die drei ersten Evangelien*, 1905, p. 32.

(4) *Licht vom Osten²*, p. 85 ss. D. signale qu'elle se retrouve dans les inscriptions et les papyrus et renvoie à Moulton, *Grammar* I³, p. 71 ss., et à Radermacher, p. 6 (Prospectus du *Handbuch Zum Neuen Testament* Tübingen, 1906).

(5) Blass, p. 122.

(6) Hebr. 13, 24 : οἱ ἀπὸ τῆς Ἰταλίας · cf. Deissmann, *Hermes*, XXXIII (1898), p. 544. *Licht vom Osten²*, p. 136, note 3.

(7) *N. B.*, p. 80.

ἀπὸ τοῦ βελτίστου, de la manière la plus honorable, le mieux possible ɪɪ Macc. 14, 30 est une tournure fréquente dans les papyrus et les inscriptions (1). Nous la trouvons 4 fois à Priène, dans des textes du ɪɪᵉ siècle av. Chr. sous la forme ἀπὸ παντὸς τοῦ βελτίστου (53, 12 ; 54, 41 ; 61, 9 ; 73, 11).

Πρό marquant une date (Jean 12, 1, πρὸ ἓξ ἡμερῶν τοῦ πάσχα, cf. ɪɪ Co. 12, 2) paraît d'abord une imitation du latin ante (ante diem tertium calendas), d'autant qu'il se trouve dans de nombreux décrets d'origine romaine (2). Contre cette idée on a fait observer avec raison que Plutarque, Epictète et de nombreux papyrus (3) emploient également cette tournure, et qu'en second lieu il est impossible de rapprocher le second génitif de l'accusatif latin. Nous en trouvons trois exemples à Priène, le premier dans un décret du Sénat, 41, 2 πρὸ ἡμερῶν πέντε εἰδυιῶν Φεβροαρίων (av. 136 av. Chr.) ; les deux autres dans un texte qui n'est certainement pas traduit du latin (4) : 105, 23 et 55 : πρὸ ἐννέα καλανδῶν Ὀκτοβρίων.

Διά désignant l'espace de temps pendant lequel une action se passe n'est pas classique (5). Il n'est cependant pas particulier au N. T. (6) (Actes 1, 3, δι' ἡμερῶν τεσσεράκοντα ὀπτανόμενος αὐτοῖς, Luc 5, 5, δι' ὅλης τῆς νυκτός, etc.). Relevons à Priène : 112, 98 et 99, (après 84 av. Chr.) διὰ τοῦ χειμῶνος ὅλου | δ[ι]' ἡμέρ(α)ς. (Z. a chauffé le gymnase) pendant tout l'hiver, pendant la journée ; id. 61, ἀπὸ ἀνατολῆς ἡλίου δι' ἡμέρας μέχρι πρώτης τῆς νυκτὸς ὥρας : toute la journée, depuis le lever du soleil jusqu'à la première heure de la nuit.

κατά peut remplacer un simple déterminatif : τὴν καθ'

---

(1) Deissmann, *B.*, p. 88 ; Rossberg, p. 23 ; Viereck, p. 81.

(2) Liste dans Viereck, p. 81.

(3) Blass², p. 127 n. ; Moulton, *Classical Review*, XVIII, 152 (April 1904) ; *Characteristics*, p. 130 et surtout *Grammar* 1ᵛ, p. 10 et ss.

(4) D'après les premiers éditeurs Mommsen et von Wilamowitz-Möllendorf, *Athenische Mitteilungen*, XXIV, (1899), p. 292.

(5) Blass, p. 129.

(6) Rossberg, p. 37, le signale également dans les papyrus du temps des Ptolémée.

ὑμᾶς πίστιν = votre foi (1). Parallèle, Priène 53, 24 et 52 (IIe s. av. Chr.) un secrétaire est loué ἐπὶ τῶι τὴν καθ' αὑτὸν χρείαν διωικηκέναι ἐπιμελῶς : de s'être soigneusement acquitté de son service.

παρά. Marc 5, 26, δαπανήσασα τὰ παρ' αὐτῆς πάντα : ayant dépensé tout son avoir (2); cf. Priène 111,177, ἐδαπάνησεν παρ' ἑαυτοῦ, id. 118, 15 (1er s. av. Chr.).

(1) Eph., I, 15; cf. Blass. p. 130, nombreux cas analogues dans le N. T.
(2) Blass, p. 135.

DEUXIÈME PARTIE

VOCABULAIRE ET SYNTAXE

I. Prétendus « hébraïsmes » ou « grec biblique ».

ἀναστροφή, ἀναστρέφεσθαι.

La Clavis (1) croit devoir faire appel à l'hébreu pour
expliquer l'emploi de ἀναστρέφεσθαι, au sens moral : « ut
hebr. הלך, ambulo in——, de vitae ratione et moribus, me
gero, vivo », et ne cite à l'appui de ce sens que des exemples
du N. T. Il n'est pourtant pas spécial au grec biblique :
Wetstein (2) le relevait déjà dans Epictète, Bailly (3) dans
Xénophon, et W. Jerusalem (4) a mis en parallèle l'usage
qui en est fait dans l'Inscription de Sestos et dans Polybe.
Ces expressions étaient particulièrement employées dans les
décrets honorifiques, et chaque nouveau volume d'inscriptions en fournit de nombreux exemples (5). Pour s'en con-

(1) P. 28.
(2) II, p. 443, note sur Hébr. 13, 18 ; cf. II, p. 217.
(3) P. 142, col. 1.
(4) *Wiener Studien*, I, 53 ; cf. Viereck, p. 75.
(5) Pergame : Deissmann, *B.*, p. 83, N. B., p. 22 ; Délos : Michel 163, 6 ;
Magnésie du Ménandre : Thieme, p. 14 : papyrus : Nägeli, p. 34 ss.; Moulton,

vaincre, il suffit de consulter l'Index ordinairement si détaillé de Dittenberger, Orientis Graeci Inscriptiones selectae, qui porte : ἀναστροφή : passim. Parmi les nombreux cas que nous offrent les Inscriptions de Priène, citons seulement : 108, 223 (après 129 av. Chr.) τῆι πόλε(ι) συμφερόντως ἀνεστράφη ; 115, 5 (1ᵉʳ s. av. Chr.) ἀναστρεφόμενος ἐν πᾶσιν φιλ[ανθρώπως] (parallèle Hébr. 13, 18 : ἐν πᾶσιν καλῶς θέλοντες ἀναστρέφεσθαι) et 108, 284 πε[ποίηται δὲ καὶ διὰ παντὸς τὴν πρέ]πουσαν ἀναστροφήν.

δωρεάν.

« est accusativus nominis δωρεά, qui adverbiascit, subaudita « praepositione κατά, et variis modis in N. T. ad imitationem « hebraici חנם adhibetur ». Il faut corriger cette affirmation de Schleusner (1) et tout au moins réduire les cas d'une imitation de l'hébreu. Le sens de « en pure perte, en vain » ne s'est pas rencontré jusqu'ici en dehors de la Bible grecque (2) (LXX, Job. 1, 9 ; Ps. 34, 8 ; N. T. Gal. 2, 21). Par contre celui de « gratuitement » n'est pas nécessairement en rapport avec l'hébreu ; outre de rares exemples dans la littérature (Pol. 18, 17, 7), il se rencontre à plusieurs reprises dans les inscriptions (3). Ainsi Priène 4, 17 (332-326 av. Chr.) : λελῃτούργηκε δωρεάν ; 108, 167 (après 129 av. Chr.) 112, 77 (après 84 av. Chr.), etc.

εὐάρεστος.

Bailly ne cite ce mot que dans les Apocryphes et le N. T. Cremer (4) le revendique pour le grec biblique dans une notice qu'il vaut la peine de citer : « ausser Xen. Mem. 3,

<hr>

Characteristics, p. 72, *Notes,* 1908, p. 269 ; en outre, Hatch, *Illustrations of N. T.*, p. 136 ss. ; Melcher, p. 65 ; Deissmann, *Licht vom Osten*², p. 75 et 234.

(1) Lex³., I, 659.
(2) Nägeli, p. 35 et 62.
(3) Et dans les papyrus, cf. Milligan, Thess. II, 3, 8 (p. 114).
(4) P. 172.

5, 5 : δοκεῖ μοι ἄρχοντι εὐαρεστοτέρως διακεῖσθαι ἡ πόλις — wenn dort nicht gegen Lobeck, Phryn. 621, dem Sinn gemässser εὐαρεσκοτέρως zu lesen ist — *nur in der biblischen und kirchlichen Gräcität* (1). Vgl. Deissmann, Bibelstudien, 42, welcher auf eine Inschrift von Nisyros verweist : γενόμενον εὐάρεστον πᾶσι. » Ainsi le mot a beau se trouver dans une inscription, il appartient seulement au grec biblique et ecclé_siastique ! Il est vrai que le texte cité par Deissmann n'était pas certainement antérieur au christianisme. Son autorité sera renforcée par Priène 114, 15 (après 84 av. J.-C.) : γενη_θεὶς δὲ εὐάρεσ[τος] ἐν τοῖς γυμνασιαρχίας ἀναλώμασιν.

κατὰ πρόσωπον.

Il ne faut pas se hâter de classer cette locution parmi les hébraïsmes (2). Suivie d'un génitif elle provient des LXX et est influencée par l'hébreu בפני. Mais, suivant la remarque de Blass (3), il n'en est pas de même Act. 25, 16 : πρὶν ἢ ὁ κατηγορούμενος κατὰ πρόσωπον ἔχοι τοὺς κατηγόρους. Il faut plutôt songer ici aux nombreuses inscriptions de l'époque romaine où κατὰ πρόσωπον apparaît au sens de *coram*, comme terme technique de la langue judiciaire. On a déjà cité plusieurs textes de Magnésie (4) ; il faut y ajouter Priène, 41,6 (136 av. Chr., décret du Sénat) : λόγους ἐποιήσαντο κατὰ πρόσ[ω]πον πρὸς Πριην[ε]ῖς ; id. ligne 9. Dans d'autres textes cités par Viereck (5), la formule κατὰ πρόσωπον ἐν τῆι συγκλήτωι correspond au latin *coram senatu* ; peut-être peut-on la rapprocher de II Cor. 10, 1 : κατὰ πρόσωπον μὲν ταπεινὸς ἐν ὑμῖν.

---

(1) C'est moi qui souligne.
(2) Th. Vogel, *Zur Charakteristik des Lukas nach Sprache und Stil*, 2 Aufl., 1899, p. 23.
(3) Blass, p. 126.
(4) Thieme, p. 19.
(5) Viereck, p. 80.

κατέναντι.

On peut lire dans la Clavis (1) : « adv. quod ap. Graecos non habetur, ap. LXX potissimum pro דְּנֶגֶד, לְנֶגֶד, לִפְנֵי » et Blass (2) pense que ce mot vient des LXX. Il se trouve cependant, à notre connaissance, pour la première fois, dans une inscription de Priène (37, 170 = C. I. G. 2905, D. 13) qui relate le traité d'arbitrage des Rhodiens entre Samos et Priène (IIe s. av. Chr.) : κατέναντι τοῦ ὄρευς, en face de la montagne. L'emploi est tout à fait le même que Marc 12, 41 : καθίσας κατέναντι τοῦ γαζοφυλακίου, 13, 3 : κατέναντι τοῦ ἱεροῦ et Matth. 27, 24 : κατέναντι τοῦ ὄχλου. Ce texte isolé permet tout au moins de conclure que ce mot n'était pas aussi inconnu des Grecs qu'on a pu le croire.

στοιχεῖν, dat.

Blass (3) remarque que le datif ὁδῷ, etc., après πορεύεσθαι, περιπατεῖν, στοιχεῖν est une particularité du N. T. et des LXX, et semble l'expliquer par l'hébreu הָלַךְ לְדַרְכֵי. L'emploi du dernier de ces verbes avec le datif est pourtant assez fréquent, au sens figuré, comme dans le N. T. Bailly relève Pol. 28, 5, 6 ; D. H. 6, 65. Les inscriptions de Priène le présentent aussi plusieurs fois : 112, 113 στοιχεῖν τ[ῇ] πρὸς τὸν δῆμον φιλαγαθίᾳ (84 av. Chr.) ; 110, 21 ταῖς κατὰ τὴν ἡλικίαν [ἀρεταῖς] στοιχεῖν (Ier s. av. Chr.).

(1) P. 236.
(2) P. 125.
(3) P. 116, cf. Gal., 6, 16, Phil., 3, 16, etc.

II. Mots appartenant a la κοινή.

ἀδάπανος.

I Cor. 9, 18. Relevé par Nägeli (1) comme un des mots ioniens et poétiques qui ont passé à la κοινή. Aux textes cités il faut ajouter Priène 111, 133 (début du 1er s. av. Chr.).

ἀπέναντι.

Cette préposition apparaît à Athènes à partir de 50 avant Chr. (2). Nous la trouvons beaucoup plus tôt dans le traité d'arbitrage des Rhodiens, Priène 37, 168 (= CIG 2905 D. 11, début du IIe s. av. Chr.) : τὸν ἀπέναντι βουνόν, la colline d'en face : même sens que Matth. 27, 61 ἀπέναντι τοῦ τάφου en face du sépulcre. L'emploi avec le génitif est signalé par Moulton (3) dans un papyrus du IIe s. av. Chr.

ἄτερ.

Cette préposition qui n'apparaît dans la Bible grecque que II Macc. 12, 15 et Luc 22, 6 et 35 appartient à l'origine à la langue poétique ; elle se retrouve ensuite assez souvent à l'époque hellénistique. Aux textes relevés par les lexiques il y a lieu d'ajouter Priène 109, 94 et 106 (120 av. J.-C.) ἄτερ ὀψωνίου, sans salaire, et Vettius Valens 136, 9 ; 271, 9 ; 341, 3.

βουνός.

Les LXX traduisent souvent גבעה, colline, par βουνός, qui a passé ainsi dans le N. T. (Luc 3, 5 et 23, 30). C'est un

(1) P. 24.
(2) Meisterhans², p. 173, 13.
(3) ἀπέναντι τῆς θύ(ρας) αὐ(τοῦ), Moulton, *Notes*, 1908, II (July), p. 90 ; l'inscription de Priène est également citée.

vieux mot qu'Hérodote cite déjà (IV, 158, 199) comme d'origine cyrénaïque. Rejeté par les Attiques, il semble avoir été dans la κοινή d'un usage assez courant puisqu'il se trouve chez Polybe, chez Pausanias et dans de nombreuses inscriptions. C'est ainsi que le traité d'arbitrage des Rhodiens l'emploie deux fois (Priène 37, 168, 169, IIe s. av. Chr.) et la ratification de ce traité par une ville inconnue, trois fois (Priène 42, 10, 51, 65; après 133 av. Chr.). H. M. Searles (1) le cite également dans deux inscriptions, l'une de Rhodes, l'autre de Corcyre.

βραβεῖον.

Le mot βραβεῖον employé par Paul I Cor. 9, 24; Phil. 3, 14 pour désigner le prix dans les courses du stade n'est signalé que chez les poètes Oppien et Lycophron. Les termes courants étaient ἆθλον et νικητήριον (2). Mais les inscriptions montrent que βραβεῖον, quoique moins fréquent était également usité. Par exemple CIG 3674, 15 (Mysie, 166 ap. Chr.) τιμηθεὶς χρυσείῳ βραβείῳ (3) et Priène 118, 8 (Ier s. av. Chr.). Il se rencontre également chez Vattius Valens 174, 21; 288, 8 (4).

καταντάω.

Verbe inconnu à l'époque classique, qui est fréquent chez Polybe, Diodore de Sicile et dans le N. T. Les papyrus en

---

(1) P. 90. La nombreuse littérature sur ce mot est notée par Thumb, *Die gr. Sprache*, p. 224, n. 1. Il faut y ajouter van Herwerden, 1, p. 159, qui relève aussi l'inscription de Priène.

(2) Pauly-Wissowa, III, 801 (Reisch).

(3) Cité par Constantinidès.

(4) Il faut noter que l'image de Paul est restée chère aux écrivains chrétiens (on trouve un relevé des principaux passages dans les *Patrum apostolicorum opera* de Gebhardt, Harnack et Zahn, I, p. 15, note sur I Clem. ad Cor. 5, 5). Les Pères latins transcrivent le terme, par exemple Tert. ad Mart. 3 : Bonum agonem subituri estis, in quo *brabium* angelicae substantiae politia in cœlis gloria in saecula saeculorum.

fournissent de nombreux exemples (1). Notons aussi Priène
112, 97 (après 84 av. Chr.) καταντᾶν εἰς τὸ γυμνάσιον, venir au
gymnase, de même que Actes 25, 13 : κατήντησαν εἰς Καισα-
ρίαν, ils vinrent à Césarée.

<h3 style="text-align:center">ὁροθεσία.</h3>

Ce substantif est classé par Winer-Schmiedel (2) parmi
les mots tout à fait nouveaux ; Th. Vogel déclare à propos
de Actes 17, 26 qu'il n'y en a pas d'autre exemple dans la
grécité (3). Il faut le signaler pourtant dans une inscription
de Priène (42, 8 ; après 133 av. Chr. [δικαίαν εἶναι ἔκριναν τὴν]
Ῥωδίων κρίσιν τε καὶ ὁροθεσίαν : ils décidèrent que le jugement des Rhodiens et leur délimitation étaient équitables ;
cf. lignes 11 et 12) ; mais l'emploi qu'en fait l'auteur des
Actes au pluriel et avec le sens de limites n'a pas encore de
parallèle exact (ὁρίσας... τὰς ὁροθεσίας τῆς κατοικίας αὐτῶν :
Dieu a fixé aux nations les limites de leur domaine).

<h3 style="text-align:center">ὀψώνιον.</h3>

Très courant dans la κοινή pour désigner la solde. Les
exemples fournis par la littérature sont soigneusement notés
par Wetstein (4) ; les papyrus et les inscriptions ont considé-
rablement enrichi la liste (5). Il faut y ajouter encore Priène
125, 4 χωρὶς ὀψωνίου ; 121, 34 (Iᵉʳ s. av. Chr.) χωρὶ ὀψωνίων ;
109, 94 et 106 (120 av. Chr.) ἄτερ ὀψωνίου. Dans les deux
derniers textes, nous trouvons le sens large de récompense :
il est question de citoyens qui ont rendu des services à l'état

---

(1) *Archiv* III, 531 ; Moulton, *Notes*, 1901 (April), p. 272 (au sens technique de
« échoir à », qui se rencontre peut-être I Cor. 10, 11 ; 14, 36) ; Id. 1903 (Déc.),
p. 432.

(2) P. 22.

(3) P. 40.

(4) I. p. 673, note sur Luc 3, 14.

(5) Cf. Deissmann, *BA*, p. 145, *N. B.*, p. 93 et *Licht vom Osten*², p. 109 ; van
Herwerden, I, p. 610 ; Moulton, *Notes*, 1903 (Déc.), p. 438 ; Thieme, p. 31.

sans exiger de rémunération (1); enfin il y a lieu de remarquer 121, 34 l'emploi du pluriel, qui se trouve une seule fois dans le N. T. (2).

προεπαγγέλλω.

En dehors de Ro. 1, 2 et II Co. 9, 5 ce mot n'est signalé par Sophoclès que dans Dion Cassius et Arrien. Il existait bien avant, comme le prouve Priène 11, 71 (84 av. Chr.) τὰ προεπηγγελμέν[α], ce qui a été promis d'avance (il s'agit de réjouissances offertes au peuple par Zosimos).

ὑπόδειγμα.

Ce mot, rejeté par les atticistes, qui lui préfèrent παράδειγμα (3) est employé déjà par Xénophon (4), et se trouve fréquemment chez Polybe et dans le N. T. Nous le rencontrons aussi Priène 117, 57 (1er s. av. Chr.) [πολι]τοῦ καλὸν ὑπόδειγμα [παραστήσας]. De même dans le N. T., avec un génitif, Jac., 5, 10.

III. Sens nouveaux.

ἀπάτη.

Marc, 4, 19, ἡ ἀπάτη τοῦ πλούτου est traduit dans un Ms. de l'Itala, le Cod. Corbeiensis par delectationes (au lieu de fallacia) et le texte parallèle Matth., 13, 22 offre encore plus de diversité : le même Corbeiensis porte, ainsi que plusieurs autres, voluptas, et le Bobbiensis, delectamentum. Ces manuscrits ont compris ἀπάτη au sens hellénistique de plaisir,

(1) Cf. II Cor. 11, 8 où Paul dit avoir reçu un ὀψώνιον de certaines églises.
(2) Ro. 6, 23 τὰ ὀψώνια τῆς ἁμαρτίας. Il est fréquent chez Vettius Valens (2, 25; 39, 2, 14, 22; 45, 20, 26; 334, 1).
(3) Phryn., éd. Lob., p. 12.
(4) Wetstein, I, 930; II, 704, cite de nombreux parallèles au N. T.

réjouissance. Un traducteur latin de Jérémie, 20, 7 a rendu de même ἠπάτησας, ἠπατήθην par delectasti et delectatus sum (1). Ce sens est attesté chez Polybe et Diodore, mais est resté rare. Nous le trouvons probablement Priène, 113, 64 (ap. 84 av. Chr.) κα[τατιθ]εὶς δὲ μὴ μόνον τὰ πρὸς ἡδον[ήν, ἀλλὰ καὶ βουλόμενος] ἐκ[τ]ὸς ἀπάτην χορηγῆσαι [τοῖς θεαταῖς], il ne fit pas seulement ce qui était agréable, mais voulant en outre offrir une réjouissance aux spectateurs (il fit venir [un joueur de flûte?] et un pantomime).

<h3 style="text-align:center">ἀ π ο δ ο χ ή.</h3>

Ce mot signifiait à l'époque classique réception, recouvrement; il a pris dans la κοινή le sens spécial de réception favorable, bon accueil, d'où considération. Priène, 108, 312 ; 109, 234 (120-129 av. Chr.), ἐν ἀποδοχῆι τῆι μεγίστηι εἶναι = jouir de la plus haute considération. L'expression de I Tim., 1, 15 ; 4, 9, λόγος… πάσης ἀποδοχῆς ἄξιος trouve un parallèle intéressant dans une inscription d'Ephèse où un agonothète du nom de Priscus est qualifié de ἀνδρὸς δοκιμωτάτου καὶ πάσης τειμῆς καὶ ἀποδοχῆς ἀξίου (Dittenberger, Sylloge², 656, 20, 148 ap. Chr.) (2).

<h3 style="text-align:center">ἀ φ ο ρ μ ή.</h3>

Le sens de occasion, sujet de, est courant dans le κοινή ; nous le relevons à Priène, 105, 13 et 16. Moulton (3) note

---

(1) Otto, *B. Ph. W.*, 1900, p. 268, renvoie à Thielmann, *Archiv. f. Latein Lexicogr.*, I, 76. Cf. surtout Deissmann, *Hellenisierung*, p. 165, n. 5 ; Moulton, *Notes*, 1908, II, 88. Nous n'avons pas à décider ici dans quelle mesure ce sens est applicable au passage cité du N. T. Il nous paraît en tous cas possible, d'autant que Luc dans le texte parallèle parle de ἡδονῶν τοῦ βίου (8, 14). Il serait également soutenable II Pierre, 2, 13.

(2) Relevé par Nägeli, p. 34, et par Moulton, *Notes*, 1908, II (August.), p. 185. Exemples dans l'inscription de Sestos et dans Polybe : W. Jerusalem, p. 52 ; cf. en outre Wetstein, II, 319.

(3) *Notes*, 1901, p. 279 (April), cf. Nägeli, p. 15, et Moulton, *Notes*, 1908, I (Oct.), p. 376.

dans un édit du gouverneur d'Egypte, P. Oxy., 34, III, 12
(127 ap. Chr.), ἀφορμὴν ζητοῦντας ἁμαρτημάτων, à rapprocher
de II Cor., 5, 12; 11, 12.

ἐκτένεια.

Ce mot est souvent employé dans les inscriptions, au sens
moral, comme Actes, 26, 7. Aux nombreux exemples déjà
connus (1) il faut ajouter Priène, 107, 20; 108, 382; 111, 23
(fin du IIe-Ier s. av. Chr.); ἐκτενής et ἐκτενῶς s'y rencontrent
chacun quatre fois. Le jugement de Phrynicus, confirmé par
Grimm (2) : « vox faliscentis graecitatis », doit donc être revu.

καθήκειν.

On sait l'usage que les Stoïciens avaient fait du neutre τὸ
καθῆκον, au sens de devoir (3). Mais il n'est pas nécessaire
de faire appel à une influence philosophique pour expliquer
les deux exemples de ce verbe que nous fournit le N. T. :
Act., 22, 22 : οὐ γὰρ καθῆκεν αὐτὸν ζῆν et Ro. 1, 28 : τὰ μὴ
καθήκοντα. Il avait pris la place du verbe classique προσήκειν,
avec le sens de « il est convenable, il faut », et était extrêmement courant (4). Sa fréquence est attestée entre autres
à Priène par un décret honorifique où l'on peut lire la répétition suivante : κα[θῆκον δ' ἐστὶν αὐτὸν... ἐπαινεῖσθαι τε καὶ
τῆς | καθηκούσης ἀξιῶσαι τιμῆς : il convient de le louer et de
lui décerner les honneurs convenables (qui lui reviennent,
qu'il mérite), Priène, 114, 32 ss., après 84 av. Chr. Citons
encore dans un papyrus récemment publié par M. Jouguet :
τὸ καθῆκον ἡμῖν ὀψώνιον : le salaire qui nous revient; φροντί-

---

(1) W. Jerusalem, p. 54, Deissmann, *N. B.*, p. 90; Thieme, p. 27. — II Macc.,
14, 38, III Macc., 6, 41. Judith, 4, 9.
(2) Cf. Clavis, p. 139.
(3) Cf. Cicéron, *de off.*, I, 3.
(4) Cf. W. Jerusalem, p. 54; Viereck, p. 72.

ζειν π[ερὶ τῶν καθη]κόντων, réfléchir sur la décision convenable (P. Lille, 3, 41 et 84; après 241 avant Chr.) (1).

περίστασις.

W. Jerusalem (2) et A. Deissmann (3) ont relevé plusieurs exemples en faveur du sens dérivé « vicissitude, malheur ». Il faut y ajouter Priène, 108, 280 (après 129 av. Chr.), τῆς τῶν καιρῶν περιστάσεως, que l'on peut rendre à peu près par notre expression : le malheur des temps (contexte incomplet, allusion probable à la guerre de Priène contre Attale).

IV. Termes techniques.

ἀπογραφή.

Ce terme signifie d'une façon générale inscription dans un registre. Il apparaît deux fois dans le N. T. pour désigner un recensement (Luc, 2, 2. Act., 5, 37). Ce sens était technique en Égypte, comme le montrent les nombreux protocoles de recensements que nous fournissent les papyrus. D'après U. Wilcken (4), on distinguait deux sortes d'ἀπογραφαί. Les premières, κατ' οἰκίαν ἀπογραφαί avaient lieu tous les quatorze ans et étaient un recensement des habitants,

---

(1) Il faut remarquer que ἀνήκειν avait également pris le sens moral qui n'est à aucun titre une particularité du N. T. (Eph., 5, 4. Col. 3, 18. Philém., 8) comme l'ont montré Nägeli, p. 48, Thieme, p. 15, Moulton, *Notes*, 1908 (March), p. 272; cf. Priène, 109, 174.

(2) P. 50 ss.

(3) *B.*, p. 148 ss. Cf. aussi Milligan, *Selections*, 4, 21. Le mot ne se trouve pas dans le N. T. mais II Macc., 4, 16, et dans la version de Symmaque, Ps. 33 (34), 5.

(4) *Hermes*, XXVIII (1893), p. 230-251); *Archiv.*, II, p. 392. Cf. P. Oxy, II, p. 177, n. 37. Ce recensement de Quirinus est étudié par Schürer³, I, p. 514 ss. Enfin Deissmann, *Licht vom Osten*², p. 20, donne le texte d'un édit de G. Vibius Maximus, gouverneur d'Égypte (104 ap. Chr.) ordonnant une κατ' οἰκίαν ἀπογραφή et prescrivant aux habitants de rentrer à cet effet dans leurs foyers, εἰς τὰ ἑαυ[τῶν ἑ]φέστια.

maison par maison. Les secondes, annuelles, étaient des
déclarations faites en vue du fisc et portant sur tous les
biens, y compris le bétail et les esclaves. Nous ne trouvons
pas ce sens à Priène, mais celui de relevé du terrain, cadas-
tre (37, 115. II° s. av. Chr. Rhodes), δοκιμασίαν πεποι[ῆσ]θαι
καὶ ἀπογραφὰν τᾶς... γᾶς.

δ ι α θ ή κ η .

Le sens du mot διαθήκη est l'un des plus embarrassants
pour les traducteurs du N. T. Stapfer le rend Hébr., 9, 15
par testament et dit en note (1) « le même mot grec signifie
à la fois alliance et testament; ici il faut nécessairement le
rendre par testament. Partout ailleurs nous l'avons rendu
par alliance ». C'est ainsi que Gal. 3, 15 il le traduit par
contrat, malgré le contexte, qui au verset 18 fait résulter de
contrat une κληρονομία, un héritage ! Le sens de testament
est ici encore le seul possible.

Dans quelle mesure est-il exact que le même mot grec
signifie à la fois testament et alliance ? Pour le grec profane,
les preuves sont précaires : un seul texte est peut-être
favorable au sens d'alliance (2), alors que dans tous les
autres, à toutes les époques, διαθήκη est le terme technique
pour désigner le testament (3). S'il était besoin de nouvelles
preuves, il y aurait lieu de citer un grand nombre d'inscriptions de Priène, simples pierres funéraires, sur lesquelles,
après les noms du défunt on lit : κατὰ τὴν διαθήκην en exécu-
tion du testament : 260, 5 ; 266, 4 ; 268, 6 ; 269 (II° s. av. Chr.),
101 (100 av. Chr.). Ce sens technique était répandu jusqu'en
Palestine : nous trouvons le mot διαθήκη transcrit dans les
livres rabbiniques sous la forme דיתיקי ou דיאתיקי et Th.

(1) P. 597 b.
(2) Aristophane, *Av*. 439.
(3) Par exemple Platon, Lois XI, 923 E : τῷ κληρονόμῳ τοῦ τὴν διαθήκην
διαθεμένου καταλειπέτω ; sur l'usage dans les inscriptions, cf. Gerlach, p. 93.

Zahn (1) pense qu'il a ainsi pu être employé par Jésus lui-même (Matth., 26, 28, Marc, 14, 24. Luc, 22, 20).

Faut-il admettre que le « grec biblique » donne à διαθήκη un sens nouveau? Alors que pour tout le monde ce mot signifiait dispositions, et spécialement dernières dispositions, pour la Bible seule il signifierait alliance? Pour expliquer cette anomalie on fait appel aux LXX et l'on dit que le sens de l'hébreu ברית a passé au mot grec dont se servent improprement les traducteurs. Mais on ne voit pas pourquoi ceux-ci n'auraient pas employé aussi bien συνθήκη qui rendait exactement alliance, traité; d'autre part on a mis en doute que ברית ait jamais signifié traité (2); on a fait valoir enfin que Philon, lorsqu'il commente les LXX comprend certainement διαθήκη au sens de testament (3). Ces diverses raisons, s'ajoutant aux passages des Hébreux et des Galates cités plus haut, et à la traduction des titres παλαία et καινή διαθήκη par Ancien et Nouveau Testament sont favorables à l'affirmation de Deissmann (4), que διαθήκη n'a jamais dans la Bible grecque le sens d'alliance, mais toujours celui de testament, ou de dispositions (5). Contre cette hypothèse séduisante, on a signalé de nombreux passages des LXX où διαθήκη signifie incontestablement alliance, entre deux hommes : Abraham et Abimélec (Gen. 21, 27, 32), Isaac et Abimélec (Gen. 26, 28), Jacob et Laban (Gen. 31, 44), etc., et on a montré que l'historien Josèphe, reprenant ces passages, comprend alliance, mais évite l'expression διαθήκη (6). Le

(1) Th. Zahn, *Einleitung*[3], I, p. 44, et surtout Schürer[3], II, p. 45.

(2) Kautzsch, article « Bund » du *Kurzes Bibelwörterbuch* de Guthe, 1903, p. 99.

(3) Riggenbach, *Der Begriff der* διαθήκη *im Hebraerbrief* (dans *Theologische Studien*, Theodor Zahn zum 10 Oktober 1908, dargebracht, Leipzig, 1908, p. 311).

(4) *N. B.*, p. 23 ; *Die Hellenisierung*, p. 175 ; *Licht von Osten*[2], p. 253 et n. 2; en outre, Moulton, *Notes*, 1908, II (Déc.), p. 563 ; *Cambridge Biblical Essays*, p. 497; F. O. Norton, *A lexicogr. and hist. study of* Διαθήκη, Chicago, 1908; le point de vue de Deissmann est critiqué par Lietzmann, II Cor. 3, 6 (p. 178).

(5) *Einseitige Verfügung*.

(6) Ces passages sont relevés et mis en parallèle par Riggenbach, *op. cit.*, p. 295 ss.

problème ne paraît donc pas résolu et il serait téméraire de
porter en quelques lignes un jugement sur la question. Nous
devons nous contenter de la signaler en observant avec
Deissmann qu'elle dépasse les limites d'un débat philo-
logique. Ce sont deux conceptions différentes de la religion
qui sont en présence : alliance avec Dieu, religion des œuvres
— testament de Dieu, don de Dieu, religion de la grâce.

διάταγμα.

Τὸ διάταγμα τοῦ βασιλέως (Hébr. 11, 23) est l'expression juste
pour désigner un édit. Comparer Priène 105, 81 τὸ... τοῦ
ἀνθυπάτου διάταγμα : l'édit du proconsul (9 av. Chr.) (1).

ἐπιδημέω, παρεπιδημέω, πάροικος.

Lorsque Luc distingue des Athéniens les étrangers en
séjour dans la ville (2), il ne fait que se conformer à l'usage
antique, et en les appelant οἱ ἐπιδημοῦντες ξένοι il reprend
une expression courante à son époque ; nous la trouvons à
Priène 108, 286 (vers 129 av. Chr.) 111, 187 (Iᵉʳ s. av. Chr.).

L'image chère aux premiers chrétiens que le croyant est
voyageur et étranger dans le monde (3) apparaît à plusieurs
reprises dans le N. T. le plus souvent sous l'influence d'un
passage des LXX : Ps. 38 (39), 13. πάροικος (גר) ἐγώ εἰμι παρὰ
σοὶ καὶ παρεπίδημος (תושב) (4) que l'auteur des Hébreux (11, 13)
transforme avec raison ξένοι καὶ παρεπίδημοι, ce que ne fait

---

(1) Constantinidès cite également deux inscriptions du Corpus. Cf. en particulier *CIG.*, 2843, 10 où διάταγμα alterne avec δόγμα pour désigner un décret
du Sénat (105 av. Chr.).

(2) Actes 17, 21 ; le mot ne se retrouve dans le N. T. que Actes 2, 10, οἱ ἐπιδημοῦντες Ῥωμαῖοι κ. τ. λ. et manque dans les LXX.

(3) Elle est développée par exemple dans l'épître à Diognète, 5, 6 πατρίδας
οἰκοῦσιν ἰδίας, ἀλλ' ὡς πάροικοι, etc.; elle est d'usage dans les titres de lettres :
I Pierre 1, 1; Clem. ad Cor. Inscr.; Pol. ad Phil. inscr.; Mart. Pol. Inscr., etc.,
cf. Th. Zahn, *Einleitung³*, II, p. 4.

(4) Sur le sens des mots hébreux, cf. Berthollet, *Die Stellung der Israeliten
und der Juden zu den Fremden*, 1896, p. 150 ss.

pas I Pierre 2, 11 : παροίκους καὶ παρεπιδήμους. Cette image
que nous trouvons différemment appliquée Eph. 2, 19 :
οὐκέτι ἐστὲ ξένοι καὶ πάροικοι, ἀλλὰ ἐστὲ συνπολῖται τῶν ἁγίων
καὶ οἰκεῖοι τοῦ θεοῦ, devait être particulièrement frappante
pour l'homme antique : il y avait dans toutes les villes du
monde gréco-romain un extraordinaire mélange de population qui donnait au titre de citoyen une valeur particu-
lière et faisait d'autre part des étrangers un élément avec
lequel il fallait compter. C'est ainsi qu'à Priène Zosimos
promet d'inviter τοὺς τε πολίτας πάντας καὶ πα‖[ροίκους καὶ
κατοίκ]ους καὶ Ῥωμαίους καὶ ξένους καὶ δούλους (113, 38 ss., après
84 av. Chr.) et quelques lignes plus loin il est loué de ce
qu'il leur a offert un festin : 42 ss. δειπνιεῖν γὰρ τοὺς πο[λ]ίτας
πάντας κατὰ φυ[λὰς καὶ τοὺς ἐφηβευκότας τῶν παροίκων καὶ κατοί-
κων καὶ Ῥωμαίους πάντας | καὶ τοὺς παρεπιδημοῦντας Ἀθηναίων
τε καὶ Θηβαίων (1) καὶ Ῥωδίων καὶ Μιλη[σίων καὶ Μαγνήτων καὶ
Σα[μί]ων καὶ Ἐφεσίων, ἔτι δὲ Τραλλιανῶν... (la suite manque).
De la comparaison de ces textes, il résulte que le groupe
désigné dans le premier par ξένους est détaillé dans le second
par τοὺς παρεπιδημοῦντας, avec le nom des villes d'origine. Les
deux mots sont donc équivalents, ξένους étant le terme général et le participe indiquant qu'ils sont de passage dans la
ville. Nous les trouvons réunis dans une autre inscription
du Ⅰᵉʳ siècle où il est question de [τῶν] παρεπιδημούντων ξένων
(111, 239) (2). Le sens de παρεπιδημέω apparaît clairement
dans l'inscription 44, 17 (Ⅱᵉ s. av. Chr.) où un juge de
Priène qui a été comme arbitre à Alexandria Troas est loué
au sujet de son séjour dans cette ville ἐπί τε τῷ σωφρόνως καὶ
ἀνεγκλήτως παρεπιδημῆσαι. Les πάροικοι, au contraire, toujours
nommés avec les citoyens (3), sont la population étrangère
autorisée à résider dans la ville.

---

(1) Thèbes du Mycale, ville voisine de Priène, cf. Priène, p. ⅵ et nᵒˢ 361-379.

(2) De même dans l'inscription de Sestos, l. 29 où ils sont également oppo-
sés aux πολῖται et aux ἄλλοι κατοικοῦντες τὴν πόλιν. Cf. W. Jerusalem, p. 55.

(3) Le plus souvent entre ceux-ci et les κάτοικοι. Il n'est pas facile de préciser dans nos inscriptions en quoi ils se distinguent de ce dernier groupe.

ἐπίτροπος.

Ce mot avait dans le droit athénien le sens technique de tuteur (1), qui se retrouve dans le N. T. Gal. 4. 2. Il signifiait en même temps, de façon plus large, intendant (Matt. 20, 8, Luc 8, 3; classique) et fut enfin à l'époque romaine le titre de nombreux fonctionnaires (2). C'est ainsi que nous trouvons à Priène ὁ τῶν κυρίων ἐπίτροπος, le procurateur impérial (230; 196-212 ap. Chr.) (3).

λειτουργέω, λειτουργία.

Nous ne trouvons à Priène que le sens civil du mot λειτουργία : « toute prestation, tout service qu'on acquitte envers l'État ou qui est imposé par la loi » (4). (113, 16, 102, 7, etc.). Le sens religieux n'est cependant pas une création de la langue biblique : il est relevé par le Thesaurus chez différents écrivains et Deissmann en cite de nombreux exemples dans les Papyrus (5).

οἰκονόμος.

Ro. 16, 23, Paul nomme, parmi les chrétiens de Corinthe, un important fonctionnaire, Ἔραστος ὁ οἰκονόμος τῆς πόλεως. Ce titre est signalé dans les inscriptions de plusieurs villes

qui est parfois nommé le premier (118, 13, 1er s. av. Chr.). Cf. Dittenberger, *Orient* n° 238, Deissmann. *B.* p. 146 ss. *N. B.*, p. 54. Le mot κάτοικος ne se trouve pas dans le N. T., mais on y rencontre une fois κατοικία (Act., 17, 26).

(1) Pauly-Wissowa, VI, p. 224, Daremberg et Saglio, II, p. 728.

(2) Cf. Magie, Index, p. 162, 163; BCH. III, p. 257, Wilken, *O.* I, p. 498 ss., etc. Sur le sens de procurator, Schürer³, I, p. 344, 455 ss.

(3) Remarquer le rapprochement, purement verbal, d'ailleurs, avec Matth. 20, 8 λέγει ὁ κύριος... τῷ ἐπιτρόπῳ αὐτοῦ.

(4) Daremberg et Saglio, III, p. 1095; P. Foucart, R. Phil., I, p. 37; J. Lévy, R. E. G., 1895 (VIII), p. 203.

(5) B., p. 137 ss.; peut-être aussi à Magnésie du Méandre, cf. Thieme, p. 16; autres exemples dans Lietzmann, Ro. 13, 6 (p. 64).

grecques (1). Il apparaît 6 fois à Priène ; il désigne certainement un trésorier : on le charge de faire les frais d'une inscription (6, 30, 330-29 av. Chr. 83, 10, II⁰ s. av. Chr.) ou de remettre aux bienfaiteurs des couronnes décernées par le peuple (109, 266, vers 120 av. Chr. ; 99, 13 et 20, vers 100 av. Chr.). Jamais il n'est nommé, et parfois désigné par la formule impersonnelle, ὃς ἂν ἦι τότε.

<h3 style="text-align:center">πρεσβεύω.</h3>

II Co. 5, 20, ὑπὲρ Χριστοῦ οὖν πρεσβεύομεν, « c'est pour Christ que nous remplissons les fonctions d'ambassadeur », suivant la traduction de Stapfer, bien préférable à celle de Lietzmann qui efface l'image : « Für Christus also wirken wir ». Πρεσβεύω est un terme technique s'appliquant d'abord aux ambassades de ville à ville, plus tard aux délégués impériaux auprès des villes grecques (2) (Legatus. Legatus Augusti pro Praetore). Nous le trouvons souvent à Priène dans le premier sens ; construit avec ὑπέρ : 108, 164 ἐπρέσβευσεν ὑπὲρ τοῦ δήμου (129 av. Chr.).

<h3 style="text-align:center">υἱοθεσία,</h3>

« adoption de quelqu'un comme fils », n'est pas un mot spécial au N. T., comme pourrait le faire croire la notice du dictionnaire de Bailly. Outre plusieurs exemples dans la littérature, relevés par le Thesaurus, il est extrêmement fréquent dans les inscriptions (3), et ici encore nous pouvons dire que Paul (Ro. 8, 15. Gal. 4, 5, Eph. 1, 5, etc.) emprunte une de ses images à la langue du monde contemporain. Priène 51, 8 (2⁰ moitié du ıı⁰ s. av. Chr.) ; 37, 2 Εὐφανίσκος Καλλιξείνου, καθ' ὑοθ[ε]σίαν, δὲ Νικασιδάμου (Rhodes, ıı⁰ s. av.).

---

(1) Éphèse, Magnésie, etc. Cf. Van Herwerden, I, p. 575 et Lietzmann, note sur le passage (p. 75).

(2) Cf. Magie, p. 89 ss., Deissmann, *Licht vom Osten²*, p. 284, Milligan, *Selections*, 40, 14.

(3) Cf. Deissmann, *N. B.*, p. 66.

V. Locutions courantes.

ἀξίως τοῦ θεοῦ.

L'emploie de ἀξίως avec un génitif est très fréquent dans la langue des inscriptions (1); la formule ἀξίως τοῦ θεοῦ qui intéresse plus particulièrement le N. T. (2) ne leur est pas étrangère. Elle a souvent été relevée (3) et nous la trouvons aussi Priène, mais concernant la déesse locale : πομπεύσας τῇ προστάτιδι τῆς] πόλεως Ἀθηνᾶι τῆς θεᾶς ἀξί[ως] (119, 15, début du Iᵉʳ s. av. Chr. et peut-être 111, 179, même époque).

τὰς ἐπαγγελίας βεβαιοῦν.

Stapfer traduit Rom. 15, 8, εἰς τὸ βεβαιῶσαι τὰς ἐπαγγελίας τῶν πατέρων : « pour confirmer les promesses faites à leurs pères ». Je préfère la traduction de nos vieilles versions : « pour accomplir les promesses (4) ». En effet βεβαιόω a souvent le sens d'effectuer, réaliser (5) : par exemple Priène 123, 9 un magistrat ayant promis de faire à son entrée en fonctions une distribution de viande de bœuf ἐβεβαίωσεν δὲ τὴν ἐπαγγελίαν παραστή|[σ]ας μὲν τοῖς ἐντεμενίοις θεοῖς τὴν θυσίαν, il accomplit sa promesse, en faisant un sacrifice aux dieux (et en en distribuant la viande à ceux qui étaient inscrits sur la liste).

(1) Par exemple ἀξίως τῆς | τε ἑαυτοῦ πατρίδος καὶ τῆς ἡμετέρας πόλεως (Priène, 50, 6 = Michel 508, vers 160 av. Chr.) et ἀξίως τῆς ἐνκεχει|ρισμένης αὐτῶι πίστεως (Id. ligne 9). Cf. aussi Moulton, *Notes*, 1908, II (July), p. 85, quelques exemples dans les papyrus.

(2) 1 Thess., 2, 12, III Jean, 6.

(3) Michel, 266, 3; 278, 9 (IIᵉ et Iᵉʳ s. av. Chr.), relevé par Nägeli, p. 54; à Pergame : Deissmann, *N. B.*, p. 75; à Magnésie du Méandre : Thieme, p. 21.

(4) Version de J.-F. Ostervald, Paris, 1892.

(5) Bailly, p. 355 cite Lys. 161, 1 βεβαιοῦν λόγον, tenir sa parole; cf. Nägeli, p. 22.

ἔπαινος.

La langue des inscriptions honorifiques présente, comme
nous aurons encore l'occasion de le remarquer, un grand
nombre de locutions toutes faites et certains mots semblent
s'appeler les uns les autres. Nous rencontrons ainsi le mot
très connu ἔπαινος (1) dans deux combinaisons qui présentent
d'intéressantes analogies avec la langue du N. T. : Priène 119,
9 (début du Iᵉʳ s. av. Chr.) [μεγίστου τέ]τευχεν ἔπαινου καὶ δόξης
ἀτα|[ράχτου], cf. Phil. 1, 11 εἰς δόξαν καὶ ἔπαινον θεοῦ et Priène
53, 15 (= Michel 468, IIᵉ s. av. Chr.) ἀξίως ἐπαίνου καὶ τιμῶν,
cf. I Pierre 1, 7 εἰς ἔπαινον καὶ δόξαν καὶ τιμήν.

πάσας τὰς ἡμέρας.

Moulton (2) remarque à propos de Matth. 28, 20, μεθ' ὑμῶν
εἰμι πάσας τὰς ἡμέρας, que la Clavis ne donne des exemples de
l'expression πάσας τὰς ἡμέρας que dans la Bible grecque, et il
cite une inscription d'Ephèse du IIᵉ s. ap. Chr. (Dittenberger,
S. 656, 49) διὸ [δεδόχθαι ἱερ]ὸν τὸν μῆνα τὸν Ἀρτεμισιῶνα εἶναι
πάσας τ]ὰς ἡμέρας. La même formule se rencontre à Priène,
dans un texte plus ancien et plus sûr : Priène 174, 8, (IIᵉ s.
av. Chr.) : le prêtre de Dionysos a, entr'autres avantages,
celui d'être nourri au Prytanée et au Panionion εἶναι | δὲ
αὐτῶι καὶ ἐμ πρυτανείωι καὶ ἐμ Πανιωνίωι σίτησιν πάσας τὰς
ἡμέρας.

καθὼς γέγραπται, κατὰ τὰ γεγραμμένα.

Deissmann relève que les expressions καθὼς γέγραπται, κατὰ
τὴν γραφήν, « selon qu'il est écrit », « selon l'Ecriture », qui
nous paraissent si spécifiques au christianisme, se trouvent
longtemps avant dans les inscriptions et les papyrus, pour
désigner des lois ou des contrats. Elles ne se rencontrent

____

(1) Cf. Gerlach, p. 52.
(2) Moulton, *Notes*, 1909, I (May), p. 470 ss.

pas à Priène, mais nous y lisons ὡς γέγραπται (105, 83; 9
avant Chr., ὡς καὶ ἐν τῷ Κορνελίωι νόμωι γέγραπται), de même
que Act. 13, 33 : ὡς καὶ ἐν τῷ ψαλμῷ γέγραπται τῷ δευτέρῳ
(cf. Marc 7, 6; Luc, 3, 4); et nous pouvons rapprocher de
II Co. 4, 13 κατὰ τὸ γεγραμμένον, Priène 12, 12 (ap. 300 av.
Chr.) κατὰ τὰ γεγραμμένα (il s'agit d'un décret précédent) (1).

ὁ καί.

L'auteur des Actes donne à l'apôtre Paul dans la première
partie de son livre, le nom hébreu de Saul ; dans la seconde
il l'appelle toujours Paul. La transition se fait au début du
premier voyage missionnaire, Act. 13, 9, par la formule
suivante : Σαῦλος δέ, ὁ καὶ Παῦλος. Il appartient à la critique
littéraire de se prononcer sur les raisons possibles de ce brus-
que changement. Contentons-nous de signaler que l'usage
d'avoir deux noms, réunis par ὁ καί était très répandu dans
le monde gréco-romain (2). Les inscriptions de Priène nous
fournissent deux exemples, les noms des deux éphèbes,
gravés parmi des centaines d'autres sur les murs du gymnase : ὁ τόπος Ἀπελ[λᾶ τ]οῦ καὶ Ζ[ω]πυρίωνος. — ὁ τ. Ποπ[λίο]υ
τοῦ καὶ ....ου (313, 86 et 701. 1ᵉʳ s. av. J.-C.). La formule était
si fréquente que dans plusieurs inscriptions latines elle est
transcrite sous la forme O CÆ (3).

καρπὸν ἀποδιδόναι,

produire du fruit, est employé au sens propre dans l'Apocalypse (22, 2) en parlant de l'arbre de la vie. Cette expression
n'est pas fréquente, pas plus que καρπὸν διδόναι (Matth. 13, 8.

---

(1) Cf. Deissmann, *B.*, p. 109; *N. B.*, p. 77 ss.; *Licht vom Osten*², p. 253, n. 4;
Thieme, p. 22.

(2) Cf. l'étude de Deissmann : *Saulus Paulus*, *B.*, p. 181-186; Thieme, p. 23;
nous trouvons aussi ὁ καί en Égypte, cf. Seymour de Ricci, *Bulletin épigr. de
l'Ég. romaine, Inscriptions grecques*, 1896-1902, n° 66 (Alexandrie, époque de
Marc-Aurèle), dans *Archiv.*, II, p. 444.

(3) Cf. Hatch, *Illustrations of N. T. usage*, par exemple CIL, X, 11 : O CÆ
RODIOS... — ὁ καὶ Ῥόδιος.

Mc. 4, 7) ou καρπὸν ποιεῖν (Matth. 3, 8, Apoc. 22, 2) (1). Nous
la notons à Priène, au sens figuré, dans une jolie formule :
συνιδὼν δὲ ὅτι μόνη μεγίστους | ἀποδίδωσιν ἡ ἀρετὴ (2) καρποὺς
καὶ χάριτας (112, 14, ap. 84 av. Chr.).

μνείαν ποιεῖσθαι.

Priène 50, 10 (IIe s. av. Chr.) les habitants d'Erythres
décident de récompenser un juge venu de Priène, ὅπως οὖν
καὶ ὁ δῆμος φαίνηται μνεί|αν ποιούμενος τῶν καλῶν καὶ ἀγαθῶν
ἀνδρῶν... « afin que l'on voie que le peuple se souvient des
hommes de bien » (3). Cette formule est employée par Paul
au début de plusieurs de ses lettres pour dire à ses lecteurs
qu'il s'est souvenu d'eux, qu'il a fait mention d'eux dans ses
prières (Rom. 1, 9 : ἀδιαλείπτως μνείαν ὑμῶν ποιοῦμαι πάντοτε
ἐπὶ τῶν προσευχῶν μου ; Eph. 1, 16 ; I Thess. 1, 2 ; Philém. 4).
Le premier emploi dans la langue épistolaire ne doit d'ailleurs
pas être attribué à l'apôtre, puisqu'au début d'une lettre privée du 24 juillet 172 av. Chr., adressée à « frère » Héphais-
tion du Sérapeum de Memphis, nous lisons : οἱ ἐν οἴκῳ πάντες
σου διαπαντὸς μνείαν ποιούμενοι, tous ceux de la maison se sou-
viennent continuellement de toi, phrase qui est d'ailleurs
précédée de la mention de prières aux dieux (4). Cette idée
religieuse, très fréquente dans les lettres antiques, trouve
une expression tout à fait parallèle aux formules de Paul
dans un papyrus du IIe s. ap. Chr., cité par Milligan (5) μνίαν
σου ποιούμενος παρὰ τοῖς [ἐν]θάδε θεοῖς ἐκομισάμην [ἐ]ν ἐπι[σ]τό-

---

(1) Wellhausen, *Einleitung*, p. 33 déclare : « ποιεῖν καρπόν und διδόναι καρπόν
ist nicht griechisch ». Pour la première locution au moins le jugement est
trop sommaire, car Wetstein déjà, dans sa note sur Matth. 3, 8, cite Aristote,
de Plant. I, 4 (= 819^b 30, 32, éd. Teubner, 1888, p. 18, 18) : πάλιν τῶν φυτῶν τινὰ
μὲν ποιοῦσι καρπόν, τινὰ δ' οὔ.

(2) Nominatif, cf. 105, 75 : (ἡ) ἀρχή.

(3) Tournure analogue à Magnésie du Méandre (90, 16, IIe s. av. Chr.) citée
par Thieme, p. 23 : [ὁ δ]ῆμος φαίνηται μνείαν ποιούμενος τῶν.... κρινάντων τὰς
κρίσε[ι]ς.

(4) *Pap. Lond.*, XLII, cité par Deissmann, *B.*, p. 209.

(5) Thess. I, 1, 2 (p. 5). Cf. aussi, Milligan, *Selections*, 4, 6.

λιον... (B. G. U. 632, 5 ss.). Nous sommes donc en présence
d'un usage bien défini : Paul adapte à la religion nouvelle
les habitudes et la langue de ses contemporains.

παραίτιος ἀγαθῶν.

Deissmann (1) relève plusieurs exemples de cette formule,
comme analogie à II Macc. 11, 19 : πειράσομαι παραίτιος ὑμῖν
ἀγαθῶν γενέσθαι. Elle est d'un emploi assez fréquent (2). C'est
ainsi qu'un certain Moschion, fils de Kydimos (après 129
avant J.-C.) est loué de sa bonté à l'égard du peuple, car il
a toujours été la cause de quelque bien [ἀεί]|τινος ἀγαθοῦ
παραίτιον γινόμενον (Priène 108, 311).

ἑαυτὸν παρέχεσθαι.

Blass (3) note que παρεχόμενος σεαυτὸν τύπον, Tite 2, 7, est
contraire à l'usage classique qui demande παρέχων. Il y a
pourtant des exemples de cette locution avec le moyen : Van
Herwerden (4) cite Platon, Lois II, 694 B et Wilke-Grimm
un passage de Xénophon (5); elle apparaît ensuite de bonne
heure dans les inscriptions (6) et y est fréquente pendant
les deux premiers siècles avant Chr. (7). A Priène, toujours
avec des adjectifs : εὔνου[ν ἑαυτὸν] καὶ |[ἐ]κτενῆ παρεχόμενος,
65, 6 (vers 190 av. Chr.); avec πρόθυμον.. id., 10; avec φιλά-
γαθον, 107, 11 (vers 130 av. Chr.).

---

(1) *N. B.*, p. 81. Le mot παραίτιος ne se trouve pas dans le N. T.
(2) Van Herwerden, I, p. 623 : παραίτιος pro αἴτιος c. gen., passim legitur in
titulis inde a saec. III a. C. — De même souvent dans Vettius Valens (208, 11 ;
231, 29 ; 263, 34 : ζωῆς καὶ δόξης π. 267, 13 ; 279, 30 ; 283, 1 : μεγάλων κινδύνων
π.; 331, 29).
(3) P. 182.
(4) I, p. 631.
(5) Xén. Cyr., 8, 1, 39 : παράδειγμα — τοιόνδε ἑαυτόν παρείχετο (Clavis, p. 340).
(6) A Ephèse, 303 av. Chr. (Michel, n° 418 init., relevé par van Herwerden).
(7) Cf. Deissmann, *N. B.*, p. 81. Thieme, p. 24.

πᾶσαν σπουδὴν ποιεῖθαι.

On a relevé souvent la fréquence du mot classique σπουδή dans les inscriptions honorifiques. Parmi les nombreuses locutions toutes faites auxquelles il donne lieu (1) signalons πᾶσαν σπουδὴν ποιούμενος (Jude 3) que nous lisons dans deux décrets de Iasos pour des juges de Priène : οὐδὲν ἐλλείπων προθυμίας | ἀλλὰ πᾶσαν σπουδὴν ποιούμενος ἵνα.... sa bonne volonté n'a rien laissé à désirer, au contraire il a fait tous ses efforts (pour réconcilier les adversaires) Priène 53, 10 ; id. 54, 9 et 39 (IIᵉ s. av. Chr.) cf. 44, 13 (Alexandrie Troas, IIᵉ s. av. Chr.). Comme analogie à II Pierre 1, 5 σπουδὴν πᾶσαν παρεισενέγκατες on peut citer Priène 118, 7 (Iᵉʳ s. av. Chr.) πᾶσαν εἰσφερόμενος σπ[ου]δὴν καὶ φιλοτιμίαν et 42, 14 [καὶ τῶν ἐγδίκων πᾶσαν προσεν]εγκαμένων σπουδὴν καὶ φιλοτιμίαν (après 133 av. Chr.).

ἵνα φανερὸν πᾶσιν ᾖ...

Cette formule motive souvent les inscriptions honorifiques : on décide de graver un décret sur une stèle ou sur les murs du portique, [ἵνα καὶ τοῖς λοιποῖς] φανερὰ ὑπάρχηι ἥ τε Ἀθηνοπό[λιδος μεγαλοψυχία] Priène 107, 41 (vers 130 avant Chr.), ou encore ὅπως δ' ἂν ᾖ φανερὰ πᾶσιν | ἥ τε τοῦ δήμου προαίρεσις... afin que la faveur du peuple (à l'égard des gens de bien) soit connue de tous, 8, 42 (328/27 av. Chr.), cf. 73, 11 ; 17, 46 ; 57, 18. Nous lisons de même I Tim. 4, 15 ἵνα σου ἡ προκοπὴ φανερὰ ᾖ πᾶσιν : afin que tes progrès soient connus de tous (cf. Act., 4, 16).

φιλανθρώπως χρῆσθαι.

Les mots classiques φιλανθρωπία et φιλανθρώπως, très usités dans les inscriptions, sont au contraire rares dans le N. T. (2).

____

(1) Deissmann, *B.*, p. 278-280 ; Thieme, p. 25.
(2) Act. 28, 2. Tite 3, 4 (φιλανθρωπία), Act. 27, 3. (φιλανθρώπως).

Leur sens s'était d'ailleurs affaibli, comme le remarque W. Jerusalem à propos de l'inscription de Sestos et de Polybe (1) : ils en étaient arrivés à désigner d'une façon générale la bonté, l'amabilité dans les rapports. Nous trouvons ce sens Act. 27, 3 : φιλανθρώπως τε ὁ Ἰούλιος τῷ Παύλῳ χρησάμενος, Julius qui traitait Paul avec bonté, ou avec douceur... La même formule Priène 47, 4 (200 av. Chr.) ἔν τε τοῖς ἄλλοις φι<λ>λανθρώπως χρώμενος (il s'agit du peuple de Priène qui entretenait de bons rapports avec celui de Bargylia) (2).

εἰς τὰς ἀναγκαίας χρείας.

Moulton (3) relève l'usage de l'adjectif ἀναγκαία avec χρεία dans un Papyrus du IIIᵉ s. avant Chr.; la littérature fournit de son côté plusieurs exemples notés par Wetstein (4). A Priène vers 129 av. Chr., Moschion est remercié d'avoir donné une certaine somme εἰς χρείας ἀναγκαίας, pour des dépenses urgentes (c'est-à-dire pour les besoins de la vie, pour des vivres; 108, 80). Ce sens, correspondant à notre expression « le nécessaire », me paraît le seul possible Tite 3, 14 : μανθανέτωσαν δὲ καὶ οἱ ἡμέτεροι καλῶν ἔργων προΐστασθαι εἰς τὰς ἀναγκαίας χρείας, tandis que la traduction de Stapfer : « les nôtres doivent aussi apprendre, dans les cas urgents, à pratiquer de bonnes œuvres », semble faire des bonnes œuvres quelque chose d'exceptionnel, ce qui ne répond certainement pas à la pensée de l'auteur.

---

(1) P. 48 ss.; cf. Viereck, p. 66; Cremer, p. 163 ss.

(2) L'expression φιλανθρωπίας τυγχάνειν (Cf. Act. 28, 2 τὴν τυχοῦσαν φιλανθρωπίαν) se rencontre également Priène 55, 29 ss. (pas ant. à 128/27 av. Chr.) τῆς λοιπῆς φιλανθρω[πίας] | ἧς καθήκει.... | τυγχάνειν; cf. Vettius Valens 282, 36 : μικρᾶς φιλανθρωπίας ἔτυχε; Esther 8, 13 : ἔτυχεν ἧς ἔχομεν πρὸς πᾶν ἔθνος φιλανθρωπίας, et II Macc. 6, 22.

(3) *Notes*, 1903 (Dec.), p. 439; cf. P. Oxy, II, 14.

(4) II, p. 379.

VI. Remarques sur le vocabulaire de Luc (1).

Nous présentons ici quelques expressions qui auraient pu être classées déjà dans les paragraphes précédents. Le fait qu'elles sont particulières à Luc dans le N. T. ou qu'elles ont chez lui une signification spéciale, nous invite à les considérer à part. Cet auteur témoigne d'une meilleure connaissance du grec que les autres écrivains du N. T.; il est vraisemblable qu'il avait séjourné longtemps dans les pays grecs dont il est exactement informé (2) : aussi est-il naturel de relever quelques analogies entre sa langue et celle de nos inscriptions.

ἀναπέμπω

L'auteur de l'épître à Philémon dit avoir renvoyé à son correspondant l'esclave Onésime (vers. 12 : ὅν ἀνέπεμψά σοι αὐτόν). Le même verbe ἀναπέμπω est employé par Luc au sens d'envoyer à la personne ou à l'autorité compétente : Luc 23, 7 : ἀνέπεμψεν αὐτὸν (= Jésus) πρὸς Ἡρῴδην; Act. 25, 21, ἕως οὗ ἀναπέμψω αὐτόν (= Paul) πρὸς Καίσαρα. Comme parallèle à ce sens qui était d'ailleurs courant dans la litté-

---

(1) Nous entendrons par Luc, pour la commodité de la rédaction, l'auteur commun du 3ᵉ Evangile et des Actes des Apôtres. Le caractère particulier, « plus grec », de son style étant noté depuis longtemps, il ne s'agit ici que de quelques remarques destinées à l'illustrer encore. Parmi la nombreuse littérature sur cette question, intimement liée au problème synoptique, citons : Theodor Vogel, *Zur Charakteristik des Lukas nach Sprache und Stil*, Leipzig, 1897; Hobart, *The medical language of Saint Luke*. Dublin, London, 1882; A. Harnack, *Beiträge zur Einleitung in das Neue Testament, I. Lukas der Arzt*, Leipzig, 1905 et *Dogmengeschichte⁴* (1909), p. 63, n. 2; Th. Zahn, *Einleitung³* II, p. 433 ss.

(2) Harnack, *Lukas der Arzt*, p. 104 ss. admet qu'il a accompagné Paul dans son voyage d'Alexandrie Troas à Milet (Act. 20). Il n'est pas nécessaire d'insister sur les rapports de Priène avec cette dernière ville; notons que l'inscription nº 44 de notre recueil contient un décret d'Alexandrie Troas en faveur de juges de Priène et une réponse des Priéniens louant les bonnes relations des deux cités (IIᵉ s. av. Chr., cf. aussi 121, 29).

rature contemporaine, les papyrus et les inscriptions (1),
signalons celui de : en déférer (au Sénat), Priène 111, 147 :
περὶ ὧν ὁ στρατηγὸς Λεύκιος Λε[υκίλιος ἔγραψεν] καὶ ἀνέπεμψεν
[πρὸς τὴν | σ]ύγκλητον.

ἐπιμέλεια, ἐπιμελῶς.

Ces deux mots classiques, très fréquents dans la langue
des inscriptions honorifiques (2), sont au contraire rares dans
le N. T. où ils n'apparaissent qu'une fois chacun : ζητεῖν
ἐπιμελῶς, Luc 15, 8; ἐπιμελείας τυχεῖν, Act., 27, 3. Cette dispari-
rition presque totale est à rapprocher de celle déjà signalée
de φιλανθρωπία et φιλανθρώπως (remarquer que cet adverbe se
trouve dans le même passage Act., 27, 3), sans qu'il soit possible d'en donner une explication.

ἐπιστάτης.

Luc évite autant que possible de transcrire des mots
hébreux, comme le font les autres évangélistes : il ne dit
jamais ὡσαννά, ἀλληλούϊα, Μεσσίας, Ῥαββί. A la place de ce
dernier mot il emploie plusieurs fois, comme appellation de
Jésus le terme grec ἐπιστάτης (5, 5 ; 8, 24, 45 ; 9, 39, 49 ; 17,
13). Il se montre par là soucieux de se faire comprendre de
ses compatriotes : ἐπιστάτης était un mot très courant que l'on
peut rendre par « président, préposé, surveillant et intendant » (3). Suivant le déterminatif, il pouvait s'agir d'un
employé du culte (4), d'un fonctionnaire public, d'un chef

---

(1) Cf. Deissmann, *N. B.*, p. 56; Nägeli, p. 34.

(2) Cf. Wetstein, II, p. 637; l'expression τὴν ἐπιμέλειαν ποιησαμένων indique
les personnes chargées de l'établissement de l'inscription (cf. Gerlach, p. 86).
Le grand nombre des exemples à Priène nous oblige à renvoyer à l'Index,
p. 276.

(3) F. Chavannes, dans Daremberg et Saglio II, p. 699 ss.; cf. Pauly-Wissowa, 6, p. 200 ss.

(4) Outre les articles cités, cf. P. Stengel, p. 160.

militaire (1). Enfin ce pouvait être aussi un personnage
chargé de l'éducation des enfants, puisqu'il y avait à
Rhodes un ἐπιστάταν τῶν παίδων (*IG* XII 1, 43) « qui était
probablement, comme l'épimélète des éphèbes à Athènes, au
dessus des maîtres particuliers (2) ». Nous trouvons également à Priène un épistate des éphèbes, qui semble chargé de
l'enseignement grammatical et littéraire (3), dont le but est
de préparer les âmes à la vertu et aux souffrances de la vie,
τ[ὰς ψυχ]ὰς πρὸς ἀρετὴν καὶ πάθος ἀνθρώπινον προάγεσθαι. Le
vocatif ἐπιστάτα devait retentir bien souvent dans les gym-
nases grecs, lorsque les éphèbes s'adressaient à leurs maîtres, et quand Luc l'applique à Jésus, nous pouvons bien
dire que c'est une hellénisation, d'ailleurs très légitime, de
l'évangile primitif.

εὐεργέτης.

Lorsque Luc, développant sur ce point le récit des autres
Évangiles (4) fait dire à Jésus : « ceux qui dominent sur les
nations sont appelés leurs bienfaiteurs », οἱ ἐξουσιάζοντες
αὐτῶν εὐεργέται καλοῦνται (Luc 22, 25), il fait allusion à un
usage de la langue contemporaine dont les inscriptions
nous apportent de nombreux exemples (5). Le titre de bienfaiteur avait été à l'origine en relations avec la proxénie ; on
le décernait à des étrangers de marque et il donnait droit à
certains avantages (6). Il fut ensuite, de très bonne heure,

----

(1) Schürer[3] III, p. 88, n. 37 ; à l'époque des Ptolémée il désignait un grade
supérieur : cf. Holleaux, *B.C.H.*, XVII (1893), p. 56.

(2) F. Chavannes, art. cit., p. 707.

(3) Καὶ τὸν ἐπιστά[την τὸν] τῶν ἐφήβων τοῖς ἐκ φιλολογίας γραμματικόν...
(112, 73, après 84 av. Chr ; le verbe ne peut malheureusement pas être
déchiffré). Il s'agit du γραμματεύς Zosimos qui a donné aux éphèbes toutes
sortes d'accessoires pour des exercices physiques et procuré l'épistate en
question.

(4) Matt. 20, 25 : Marc 10, 42.

(5) Cf. Deissmann, *Licht vom Osten*[2], p. 185.

(6) Cf. P. Monceaux, *Les Proxénies grecques*, Paris, 1886, p. 55 ss.; Pauly-
Wissowa, VI, p. 978 ss. Ainsi Megabyzos d'Ephèse est nommé proxène et bien-

appliqué à des souverains que l'on voulait honorer : les
Priéniens le décernèrent au roi Antigonos en 334 avant Chr.
(2, 6) ; peu à peu il devint un véritable titre des souverains
dans les inscriptions honorifiques et a passé ainsi à langue
du culte impérial (1).

κράτιστος

Les divers personnages du livre des Actes emploient cor-
rectement lorsqu'ils s'adressent au gouverneur de Palestine,
le titre de κράτιστος. Au début d'une lettre, Claudius Lysias
à Son Excellence le gouverneur Félix (Act. 23, 26); de même
l'avocat Tertullus parlant au même Félix (24, 3); Paul s'adres-
sant au gouverneur Festus (26, 25). Ce titre était si courant,
remarque Wilcken (2), qu'il suffisait à lui seul à désigner le
gouverneur d'une province. On en a relevé de nombreux
exemples, généralement postérieurs au livre des Actes (3) :
ainsi à Priène 230, 4 : ὁ κράτιστος ἀνθύπατος Λικίν|νιος Νέπως
(époque de Julia Domna, 196-212 apr. Chr.), et il était appliqué aussi à tous les personnages de rang sénatorial (4). On
peut se demander s'il faut lui donner ce sens officiel au début
de l'Évangile de Luc (1, 3 : Κράτιστε Θεόφιλε), ou si nous
sommes en présence d'une simple formule de politesse,
purement littéraire à rapprocher de celle qu'emploie Josèphe
à la fin de son autobiographie (5), et qui se trouve également une fois chez Denys d'Halicarnasse (6). En tous cas

faiteur, et ses avantages sont détaillés (Priène 3, 9 ss. 334/3 av. Chr.). En outre,
dans un décret en faveur des Athéniens (326/5 av. Chr.) les Priéniens leur
accordent le droit εἰσκηρύσσεσθ[αι] αὐτοὺς καθά[περ] τοὺς εὐεργέτας, d'être appelés par le héraut, de même que les bienfaiteurs (Priène 5, 10).

(1) Voir plus bas, p. 57, inscr. 105, l. 38 ; Gerlach, p. 75. Magie, p. 67 : Trajan est appelé ὁ παντὸς κόσμου σωτὴρ καὶ εὐεργέτης IG., XII. 1, 978, etc.

(2) *Kaiserliche Tempelverwaltung in Aegypten* (Hermes XXIII [1888]), p. 595,
à propos de *CIG.*, 5069.

(3) Cf. Gerlach, p. 26 ss. ; Magie, t. 86 ; Zahn *Einleitung*², p. 346, n. 5 et p. 399.

(4) Magie, p. 31.

(5) Ed. Teubner, vol. IV, 385, 29.

(6) Ed. Teubner, *Opuscula*, I, p. 3.

il faut remarquer avec Zahn que cette formule n'a pas pris racine dans la langue chrétienne, puisqu'on ne la retrouve que dans l'épître à Diognète I : κράτιστε Διόγνητε, adressée à un personnage qui était suivant la tradition le précepteur de Marc-Aurèle (1). Les termes courants entre chrétiens étaient ἀδελφέ ou ἀγαπητέ.

προσδαπανᾶν.

Ce verbe employé par Luc 10, 35 dans la parabole du bon samaritain : ὅ τι ἂν προσδαπανήσῃς ἐγὼ ἐν τῷ ἐπανέρχεσθαί με ἀποδώσω σοι, « ce que tu dépenseras en plus, moi-même, à mon retour, je te le rembourserai », ne se retrouve ni dans le N. T., ni dans les LXX. Aux quelques exemples connus chez des écrivains de l'époque impériale, il faut ajouter Priène 118, 11 : προσεδαπάνησεν μετὰ τῶν συναγ[ωνοθετῶν δραχμάς...] (1er s. av. Chr.)

(1) Dans Methodius, *de Res.* 33, 34 (éd. Bonwetsch, p. 122, 126) le mot est adressé à un juge. Cf. Zahn, *loc. cit.*

TROISIÈME PARTIE

LANGUE RELIGIEUSE ET MORALE

I. Quelques termes de la langue cultuelle.

La religion occupait une place d'honneur dans la vie
publique, à Priène, comme dans toutes les cités antiques.
Au début de l'ère chrétienne, les temples y étaient nombreux
et florissants. Le plus magnifique était certainement celui
d'Athéna Poliade (1) : construit par l'architecte Pythios,
l'auteur du célèbre mausolée d'Halicarnasse, il était en Ionie
même le plus beau monument de style ionien ; sa splendeur
s'explique peut-être par les libéralités d'Alexandre qui l'avait
consacré, comme en fait foi l'inscription gravée sur le
fronton :

> Βασιλεὺς ᾿Αλέξανδρος
> ἀνέθηκε τὸν ναὸν (2)
> ᾿Αθηναίηι Πολιάδι　　　　　(Priène 156)

---

(1) Cf. O. Rayet et A. Thomas, *Milet et le golfe Latmique*, II, p. 1-24 ;
Wiegand-Schrader, p. 81 ss.

(2) On remarquera que le mot ναός est appliqué par les **LXX** et le N. T. au
temple de Jérusalem ; de même ἱερόν pour désigner l'ensemble du sanctuaire
(cf. Priène 205).

Il y avait en outre des temples de Dionysos, de Poséidon, d'Esculape (1), de Déméter et Coré (2), d'Isis et de Sérapis (3), de Cybèle (4). Les inscriptions nous ont conservé des documents importants relatifs à ces cultes : les conditions de vente de la charge de prêtre de Dionysos (5) et de Poséidon (6) et les ordonnances relatives aux cultes des divinités égyptiennes (7). Il n'est pas possible de mentionner de nombreuses statues ou dédicaces à d'autres dieux ou héros. Contentons-nous de signaler qu'on a retrouvé près de la Porte de l'Ouest un ἱερὸς οἶκος, servant sans doute à des cultes mystiques (8) et à l'entrée duquel se lisait la prescription suivante :

Εἰσίναι εἰς τ[ὸ]
ἱερὸν ἁγνὸν (9) ἐ[ν]
ἐσθῆτι λευκ[ῆι] (Priène 205)

Entrer dans le sanctuaire pur en vêtements blancs.

(1) Wiegand-Schrader, p. 136.

(2) Wiegand-Schrader, p. 147.

(3) Wiegand-Schrader, p. 164. Sur l'extension de ce culte en Asie au IIe s. av. Chr. cf. Ad. Rusch, *de Serapide et Iside in Asia cultis*, p. 74 ss.; le culte des divinités égyptiennes est également signalé à Cyzique, Pergame, Smyrne, Éphèse, Magnésie du Méandre, Halicarnasse et Cnide.

(4) Wiegand-Schrader, p. 171.

(5) Priène, 174.

(6) Priène, 201-203; sur les ventes de charges cultuelles, cf. P. Stengel, p. 42, qui renvoie en outre à Dittenberger, *Sylloge*[2], 371, praef.

(7) Priène, 195, vers 200 av. Chr.

(8) Comme à Chios (Dittenberger, *Sylloge*[2] 571) ou à Magnésie du Méandre (Thieme, p. 31). Hiller von Gärtringen observe (p. 143) qu'on a pris d'abord cet ἱερὸς οἶκος pour le sanctuaire d'Alexandre dont parle un document (108, 75), mais que sa forme, rappelant celle des temples de Déméter a fait renoncer à cette identification; description et plan, Wiegand-Schrader, p. 172-182.

(9) La purification était exigée à l'entrée des temples grecs (cf. P. Stengel p. 138) et certaines inscriptions nous en donnent le détail : par exemple *IG.* XII 1, 789 (Rhodes). Dans d'autres le mot ἁγνός passe du sens rituel au sens moral, comme dans l'inscription du temple d'Épidaure notée par Clément d'Al. (*Stromates*, liv. V, I, 13,3. Stählin, p. 334) :

ἁγνὸν χρὴ νηοῖο θυώδεος ἐντὸς ἰόντα
ἔμμεναι · ἁγνείη δ' ἐστὶ φρονεῖν ὅσια.

Ces maisons de culte (1) sont, parallèlement aux Synagogues juives, une intéressante préparation des premiers sanctuaires chrétiens. Il y a lieu de remarquer, en outre, que les chrétiens de Priène ont eu une église dans une maison, à côté de la « maison sainte » des païens (2).

Réservant à un prochain paragraphe l'étude de quelques expressions de la piété, notons ici des mots qui appartiennent de façon générale à la langue religieuse et sont communs au N. T. et aux cultes païens.

<h3 style="text-align:center">εὐχή.</h3>

Les textes de Priène ne nous présentent pas προσευχή, qui désigne souvent la prière dans le N. T. (3). Nous rencontrons, comme dans le grec classique, εὐχή, le terme courant pour la prière de demande ou d'intercession (4). Ces prières sont par contrat une des charges du prêtre de Dionysos : καὶ τὰς εὐχὰς εὔξεται ὑπὲρ τῆς πόλεως τῆς Πριηνέων (174, 18, ii⁰ s. av. Chr.). Dans le N. T. le sens de vœu est plus fréquent : εὐχή n'y signifie qu'une seule fois prière (Jac. 5,15) et εὔχεσθαι, trois fois, prier (en particulier Jac. 5,16, également avec ὑπέρ) : εὔχεσθε ὑπὲρ ἀλλήλων.

---

(1) A. Wilhelm, *Beiträge zur griechischen Inschriftenkunde*, Wien, 1909 (Sonderschriften des österreichischen archäologischen Institutes, VII), p. 51 ss., relève que le mot οἶκος pouvait désigner, non seulement le local où se réunissait une association, mais cette association elle-même. Parmi les textes cités, le plus intéressant est l'inscription de Magnésie 94, lignes 3 et 6 où l'expression ὁ οἶκος ὁ ἱερός désigne une association religieuse : δεδόχθαι τῶι δ[ή]μωι ἐ]παινῆσθαι [Εὔρημο]ν ἀρετῆς ἕνεκεν καὶ εὐνοίας | [ἣν ἔχων διατελεῖ εἴς τε τὸν οἶκον τὸν ἱερὸν καὶ εἰς τό[ν [δῆμον]. Cet emploi du mot οἶκος prépare l'usage chrétien de l'expression οἶκος θεοῦ pour désigner l'Église. Cf. I Tim. 3, 75 : ἵνα εἰδῇς πῶς δεῖ ἐν οἴκῳ θεοῦ ἀναστρέφεσθαι, ἥτις ἐστὶν ἐκκλησία θεοῦ ζῶντος, et I Pierre, 4, 17 (Communication de M. Deissmann, Upsala, 30, 3, 1910).

(2) Wiegand-Schrader, p. 180 ss. Cf. plus bas, p. . . .

(3) Ce mot n'est d'ailleurs pas spécial au N. T. comme on l'a cru longtemps ; il se trouve aussi dans le « grec profane » mais plutôt au sens de lieu de prière, cf. Deissmann, *N. B.*, p. 49 ; *Licht vom Osten*², p. 69, n. 3.

(4) Cf. P. Stengel, p. 72.

τὸ θεῖον.

Cette désignation impersonnelle de la divinité n'est pas
rare à l'époque classique (1). Elle ne se trouve qu'une fois
dans le N. T. : Act. 17,29 : « nous ne devons pas croire que
la Divinité ressemble à l'or, à l'argent, à la pierre », χρυσῷ ἢ
ἀργύρῳ ἢ λίθῳ... τὸ θεῖον εἶναι ὅμοιον. Plusieurs exemples à
Priène : 117,63 : ἐπῃνῆσθαι... [ἐπὶ τῇ πρὸς] τὸ θεῖον εὐσεβείᾳ;
id. 118,33 (ᴵᵉʳ s. av. Chr.); au contraire 17, 10 et 17 (278
av. Chr.) il est dit des Galates qui ont ravagé le temple : τὸ
θεῖον ἠσέβουν.

νεωκόρος.

L'inscription de Priène nᵒ 231 est la base d'une statue
en l'honneur de

[Μεγάβυζος]
Μεγαβύζου
νεωκόρος τῆς
Ἀρτέμιδος τῆς
ἐν Ἐφέσωι   (ɪᴠᵉ s. av. Chr.)

Le mot νεωκόρος rappelle Act. 19,35 où le γραμματεύς (2)
d'Ephèse déclare à ses concitoyens que personne n'ignore
que leur ville est νεωκόρος τῆς μεγάλης Ἀρτέμιδος. Mais le sens
du mot n'est pas exactement le même dans les deux textes.

---

(1) Les textes de la littérature sont cités en grand nombre par Wetstein, II,
p. 471.

(2) Sur les γραμματεῖς d'Athènes, cf. Daremberg et Saglio, II, p. 1646. A
Priène, vers 84 avant Chr. le γραμματεύς Zosimos (Inscriptions 112, 113 et
114) est loué particulièrement de ce qu'il a recopié les archives municipales
sur des parchemins et des papyrus (cf. *R. E. G.*, 1909, p. 313). Les γραμματεῖς
d'Éphèse semblent avoir joué un rôle plus considérable : plusieurs inscriptions sont datées d'après le γραμματεύς en fonctions : Dittenberger, *Orient.*
493, 10, 11, 28, 34; 480, 11 (= *Revue Arch.*, 1899, p. 181, n. 64-103, 104 ap.
Chr.) γραμματεύοντος Τιβ(ερίου) Κλαυδίου φιλοσεβάστου καὶ φιλοπάτριδος τὸ β΄,
et dans la même inscription le peuple est aussi appelé νεωκόρος; 481,7
(103/104 apr. Chr.); 510, 11 (138/161, ap. Chr.) : γραμματεύοντος Ποπλίου Οὐη-
δίου | Ἀντ(ω)νείνου ἀσιάρχου.

Dans l'inscription il s'agit d'un serviteur ou d'un fonctionnaire du temple. Le νεωκόρος était à l'origine un employé chargé des fonctions les plus modestes, une sorte de sacristain, mais dut bientôt avoir un rôle plus considérable, comme le prouvent les nombreuses statues élevées à des νεωκόροι (1). Plus tard le néocorat fut un titre très recherché, non seulement des particuliers, mais aussi des villes (2) : le néocorat d'Artémis était une des prérogatives d'Éphèse, et l'auteur des Actes emploie le mot dans ce sens honorifique (3). Enfin un nouveau développement en fit un terme technique de la langue du culte impérial (4) : Éphèse le reçut trois et peut-être quatre fois, et Tarse de Cilicie, la patrie de l'apôtre Paul, était deux fois néocore à l'époque d'Alexandre Sévère (5).

θυσίαν παρίστημι, ἐπιτελέω.

Lorsque Paul dit Rom. 12, 1 « je vous exhorte à offrir vos corps en sacrifice vivant », παραστῆσαι τὰ σώματα ὑμῶν θυσίαν ζῶσαν, il adapte à l'idée chrétienne l'expression employée couramment pour l'accomplissement des sacrifices païens. Nous la relevons à Priène, 113,40 : τάς τε θυσίας τὰς | εἰθισμέ[νας καὶ τ]ὰς πατρίους τοῖς τῆς πόλεως πα[ρ]αστήσειν θεοῖς : « offrir aux dieux de la cité les sacrifices habituels et traditionnels » (de même l. 70, 81, 85; apr. 84 av. Chr.; cf. 118,17, 1ᵉʳ s. av. Chr., etc.) (6).

---

(1) P. Stengel, p. 47 ss. Priène, 194 : un νεωκόρος des dieux Egyptiens (vers 100 av. Chr.). Le mot même est étudié par Thumb, *Die Gr. Sprache*, p. 78.

(2) Abondante littérature dans Gerlach, p. 28.

(3) Waddington, *Inscr. d'Asie-Min.*, 147 b; Mionnet, *suppl.*, VI, p. 159, n. 324; p. 164, n. 561, etc. (d'après Beurlier, *Le culte impérial*, Paris, 1891, p. 239, n. 5).

(4) Cf. Paul Monceaux, *De communi Asiae provinciae*, Paris, 1885, p. 18 ss.; Beurlier, *op. cit.*, ch. IV, le néocorat, p. 238-255 (la plus ancienne trace du néocorat d'Éphèse est sur une monnaie de 65 ap. Chr.). Thieme, p. 18 et Moulton, *Notes*, 1909, I (June) p. 568 (= Dittenberger, *Orient.*, 481, 1).

(5) Cagnat, 860, 11 (= Dittenberger, *Orient.*, 578).

(6) Voir d'autres exemples à Pergame (Deissmann, *N. B.*, p. 82) et à Magnésie (Thieme, p. 24).

On rencontre de même très souvent l'expression analogue
ἐπιτελεῖν τὰς θυσίας (Priène, 109, 195-120 av. Chr., 46, 17;
108, 27; 117, 69. 1ᵉʳ s. av. Chr.) dont on peut rapprocher
Hébr. 9, 6 : τὰς λατρείας ἐπιτελοῦντες.

ἱερατεία, ἱερατεύω, ἱερωσύνη.

Le substantif ἱερατεία ne se trouve dans le N. T. que
Luc 1, 9 et Hébr. 7, 5. Cremer (1) cite un texte d'Aristote,
et remarque que le mot n'apparaît ensuite que chez des
auteurs récents : le grec profane, dit-il, a manqué d'un mot
usuel pour désigner les fonctions sacerdotales. En réalité
les inscriptions en fournissent plusieurs exemples (voir déjà
dans le Thesaurus !), parmi lesquels un des plus anciens
textes de Priène, relatif au culte du Panionion, περὶ | τῆς
δίκης τῆς γενομένης περὶ | τῆς ἱερατείης τοῦ Διός... Priène 139,7
(= CIG 2909 = Michel 484; avant 335 av. Chr.)
Il en est de même pour le verbe ἱερατεύω, considéré égale-
lement comme tardif et rare (2) et que Kennedy attribue à
l'influence des LXX (3). Cette dernière assertion peut avoir
sa part de vérité pour le seul passage où le mot se trouve
dans le N. T. (4). Mais il ne faudrait pas penser qu'il soit
particulier aux LXX. Il est fréquent au IIᵉ s. avant Chr. pour
désigner l'accomplissement des fonctions sacerdotales; à
Priène, sous la forme ionienne ἱερητεύω, 162, A, 3 [ἱερη]τεύ-
σαταν Ἀθηνᾶς | [Πο]λιάδος; id. 162, C, 3; 162, B, 2 : ἱερη-
τεύοντα | Δι[ο]νύ[σ]ου [Φ]λείου; de même 177, un autre prêtre
de Dionysos; 186, un prêtre de Zeus. Les LXX n'ont fait
qu'appliquer à la religion juive un terme technique de la
langue des cultes païens (5).

---

(1) P. 495, Aristote Pol. 7, 8, 7.
(2) Cremer, p. 495; Bailly ne cite comme auteur païen qu'Hérodien 5, 6, 6.
(3) *Sources*, p. 119.
(4) Luc, 1, 8.
(5) Cf. Deissmann, *N. B.*, 43 ; Thieme, 15 ; van Herwerden, I, p. 387, et de
nombreux exemples des *CIG*, relevés dans Constantinides.

Enfin Cremer (1) remarque à propos de Hébr. 7, 11, 12 que le mot ἱερωσύνη désigne la charge du prêtre, alors que ἱερατεία envisage plutôt ses fonctions, son service (Hébr. 7, 5). Cette remarque me paraît confirmée par l'inscription qui donne le nom du prêtre de l'ἱερὸς οἶκος (205, 1) : ἔλαχε τὴν ἱερωσύν[ην] | Ἀναξίδημος Ἀπολλων[ίου], et par le document déjà mentionné relatif au culte de Dionysos, qui débute ainsi : ἐπὶ τοῖσδε πωλοῦμεν τὴν ἱε|ρωσύνην τοῦ Διονύσου τοῦ Φλέου : nous vendons aux conditions suivantes la charge de prêtre de Dionysos (174, 2 ; cf. aussi l. 25).

II. La langue du culte impérial.

A l'époque où apparaît le christianisme, un culte nouveau avait, depuis moins d'un siècle, pris une rapide extension dans le monde gréco-romain : le culte des empereurs. Le grand nombre des monuments épigraphiques qui s'y rapportent ont révélé son importance et apporté à son histoire des éléments nouveaux (2). L'étude des inscriptions

(1) P. 495.

(2) Ils sont utilisés, pour les provinces occidentales, par J. Toutain, *Les cultes païens dans l'Empire romain*, Première partie, tome I, Paris, 1907, p. 43-175 ; cf. l'étude d'ensemble de l'abbé E. Beurlier, *Le culte impérial, son histoire et son organisation depuis Auguste jusqu'à Justinien*, Paris, 1891 ; les travaux de Paul Monceaux, *De communi Asiae provinciae*, Paris, 1885 ; E. Kornemann, *Zur Geschichte der antiken Herrscherkulte*, *Beiträge zur alten Geschichte*, I, p. 51-146 ; et de précieuses orientations dans P. Wendland, *Die hellenistisch-römische Kultur in ihren Beziehungen zu Judentum und Christentum* (Handbuch zum N. T. I, 2) Tübingen 1907, p. 73 ss., 87 ss. Les antécédents historiques de ce culte doivent être cherchés en Orient, dans la divinisation des héros et surtout des souverains, Philippe, Alexandre, les Séleucides et les Ptolémées (cf. E. Beurlier, *De divinis honoribus quos acceperunt Alexander et successores ejus*, Paris, 1890 ; Kaerst, *Die Begründung des Alexander und Ptolemaerkultes in Aegypten*, *Rheinisches Museum*, LII (1897) p. 42 ss. et Prott, *Das ἐγκώμιον εἰς Πτολεμαῖον und die Zeitgeschichte*, *Rheinisches Museum*, LIII (1898), p. 460 ss.). Signalons à ce sujet qu'il est fait mention à Priène d'un Alexandreion (cf. plus haut, p. 62, n. 8) qui n'a pas été retrouvé lors des fouilles, et qu'un autel dans l'Agora et des honneurs divins

a permis en particulier de constater un certain parallélisme entre la langue technique de ce culte et celle du christianisme primitif. Un exposé méthodique de leurs rapports a été magistralement esquissé par M. Deissmann dans son dernier ouvrage (1). Notre tâche se borne ici à relever en détail les analogies que nous offrent les inscriptions de Priène. Nous n'y trouvons malheureusement qu'un petit nombre de statues honorifiques consacrées aux empereurs, avec de très courtes inscriptions (n° 222 à 230); mais à côté de ces textes insignifiants, un document de premier ordre : les décrets relatifs à l'introduction d'un nouveau calendrier en Asie, vers l'an 9 avant Chr. Connu déjà de façon fragmentaire par des inscriptions d'Apameia, Eumeneia et Dorylaion, cet important texte grec a pu être reconstitué presque complètement grâce à la découverte des mêmes décrets à Priène (2). Il a été publié pour la première fois en 1899 par Th. Mommsen et U. von Wilamowitz-Möllendorf, dans les « Athenische Mitteilungen » (3), et accompagné d'un important commentaire (4); ensuite par Dittenberger (5) avec de nouvelles notes et les fragments des trois inscriptions qui ont servi à le reconstituer; nous le trouvons enfin dans les « Inschriften von Priene » sous le n° 105. Son importance pour la compréhension historique du N. T. a été signalée dès 1899 par A. Harnack (6), qui a traduit dans la « Christliche

ont été décernés par les Priéniens au roi Lysimaque, ce qui complète la notice de Beurlier, p. 45 (Priène 14, 17, vers 286 av. Chr.)

(1) *Licht vom Osten*[2], p. 253-288.

(2) Sur deux pierres différentes que j'ai pu étudier au Musée royal de Berlin. Deissmann en a donné une reproduction, *Licht vom Osten*[2], p. 278 et 279.

(3) XXIV, p. 275 ss.

(4) Il a été reproduit l'année suivante sans commentaire dans la *Revue Archéologique*, XXXVII, p. 357.

(5) *Orient.*, 458.

(6) Sous le titre « Als die Zeit erfüllet war », *Die Christliche Welt*, XIII (1899) n° 51; l'article est reproduit dans *Reden und Aufsätze* I, p. 301 ss; la traduction seule dans la 4e édition de la *Dogmengeschichte* (1909), p. 137, n. 1. Je dois beaucoup à cette traduction, quoi qu'ayant essayé de rester aussi près que possible du texte.

LANGUE RELIGIEUSE ET MORALE 69

Welt » les passages les plus intéressants ; elle a été également relevée par P. Wendland (1) et A. Deissmann (2).

L'inscription compte 84 lignes, dont les 4 premières n'ont pas pu être reconstituées. La première partie, 1-30 est une lettre du proconsul Paulus Fabius Maximus proposant aux Grecs d'Asie de commencer l'année le jour de la naissance d'Auguste, et faisant à ce sujet l'éloge de ce prince. La seconde partie (30-77) ainsi que la troisième (78-84) sont des décrets des populations d'Asie, acceptant avec enthousiasme la proposition du proconsul. Pour morceler le moins possible ce remarquable document, nous commencerons par donner le texte et un essai de traduction française des deux passages qui intéressent le plus notre étude (7-22 et 30-41) ; quelques notes indiqueront déjà des parallèles avec le N. T. Les points essentiels seront examinés dans les pages suivantes, et rapprochés s'il y a lieu des autres inscriptions de Priène relatives aux empereurs.

> ..., ἑτέραν τε ἔδω[κεν παντὶ τῷ]
> [κόσ]μῳ ὄψιν, ἥδιστα ἂν δεξ[α]μ[έ]νων (3) φθοράν (4), εἰ μὴ
> [τὸ κοινὸν [πάντων] εὐ]-
> [τύ]χ[η]μα ἐπεγεννήθηι, Κα[ῖσαρ] · ὃ]ι ᾽[ὃ] (5) ἂν τι[ς]

« (L'anniversaire d'Auguste) a donné un autre aspect au
« monde entier, dont la ruine eût été proche, si ce bonheur
« commun de tous les hommes, César, n'était pas né. Aussi

____

(1) Dans un remarquable article : ΣΩΤΗΡ, *Zeitschrift für Neutestamentliche Wissenschaft*, V (1904), p. 335 qui donne à propos du mot σωτήρ une véritable étude du culte impérial ; cf. plus bas, p. 78.

(2) *Licht vom Osten*[3], p. 276 ss. ; p. 262, n. 5 (ligne 22 de l'inscription) ; p. 259 (lignes 40 ss.)

(3) = δεξαμένωι. (Note de l'éditeur).

(4) φθορά. Rom. 8, 21 Paul dit que la création espère être affranchie ἀπὸ τῆς δουλείας τῆς φθορᾶς.

(5) Ici commence le texte latin conservé dans l'inscription de Dorylaion. Nous le citons (d'après Dittenberger) parce qu'il aide à la compréhension de l'original grec : « propterea recte homines existimant hoc sibi principium vitae, quod poenitendi fuerit natos se esse finis, cumque nullo ex die feliciora

                     [δικαίως ὑπολάβο[ι τοῦτο αὐτῶι]
10 ἀρχὴν τοῦ βίου καὶ τῆς ζωῆς (1) [γε]γο[νέν]αι, ὅ ἐστιν πέρας
                     [κα[ὶ ὅρος τοῦ με]-
ταμέλεσθαι (2) ὅτι [γ]εγέννητ[αι · καὶ ἐπε]ὶ οὐδ[ε]μιᾶς ἂν
                     [ὑπὸ ἡμ[έρας εἴς]
[τ]ε τὸ κοινὸν [κ]αὶ εἰς τὸ ἴδιον ἕκαστο[ς ὄ]φελος εὐτυχεστέ-
                     [ρα[ς λάβοι]
ἀφορμὰς (3) [ἢ] τῆς πᾶσιν [γε]νομένης εὐτυχοῦς, σχεδόν τ[ε]
                     [συ[μβαίνει]
τὸν αὐτὸν τ[αῖς] ἐν Ἀσίᾳ πόλεσιν καιρὸν εἶναι τῆς εἰς τὴν
                     [ἀρχὴ[ν εἰσόδου],
15 [δ]ηλονότι κα[τά τιν]α θίαν βούλησιν οὕτως [τ]ῆς τάξεως
                     [προτε[τυπωμέ]-

« chacun peut-il considérer avec raison cet événement comme
« l'origine de sa vie et de son existence, comme le temps à
« partir duquel on ne doit plus regretter d'être né. Aucun
« autre jour n'est une plus heureuse occasion de bien pour la
« société et pour l'individu que celui-ci, heureux pour tous;
« d'autre part, les villes d'Asie ayant presque toutes la même
« date pour l'entrée en fonctions (de leurs magistrats),
« il est évident que les choses ont été arrangées ainsi par une

et privatim singulis et universis publice trahi possent auspicia quam ex eo,
quem felicissimum communiter credunt, fere autem omnium in Asia civita-
tium idem tempus anni novi, initiumque magistratuum sit, in quod fortuito,
videlicet ut honoraretur, principis nostri natalis incidit, vel quia tot erga
divina merita gratum esse difficile est nisi omnis pietatis temptetur materia,
vel quia dies est propria cuique laetitia ingressui honoris statutus, publicum
videtur mihi... »

(1) βίος καὶ ζωή. Répétition intraduisible, à moins d'ajouter au texte : moyens
d'existence, forces vitales (Harnack : Lebenskraft); elle se trouve chez Plutarque, De Plac. Phil. 5. 18. Les deux mots ne sont jamais rapprochés dans le
N. T., mais LXX, Prov. 3, 2 et 16 : μῆκος γὰρ βίου καὶ ἔτη ζωῆς. Cf. sur les
nuances de ces deux synonymes les fines remarques de Trench, p. 55.

(2) μεταμέλεσθαι. Le sens de se repentir est classique. N. T. Matt. 21, 29 et 32;
27, 3; II Co. 7, 8; Hébr. 7, 21, mais μετανοεῖν est beaucoup plus fréquent.
Cf. Trench, p. 171.

(3) Cf. plus haut, p. 39.

[νη]ς, ἵνα ἀφορμὴ γένοιτο τῆς εἰς τὸν Σεβαστὸν τειμῆς (1),
[καὶ ἐπε[ιδὴ δύσκο]-
[λο]ν μέν ἐστιν τοῖς τοσούτοις αὐτοῦ εὐεργετήμασιν (2) κατ'
[ἴσον ε[ὐχαρισ]-
τεῖν (3), εἰ μὴ παρ' ἕκασ]τα [ἐ]πινοήσαιμεν τρόπον τινὰ τῆς
[ἀμείψε[ως καινόν],
ἥδειον δ' ἂν ἀνθρώπου[ς] ἦν κοινὴν πᾶσιν ἡμέραν γενέθ-
[λιον ἀγαγ[εῖν],
20 [ἐ]ὰν προσγένηται αὐτοῖς καὶ ἰδία τις διὰ τὴν ἀρχὴν ἡδον[ή],
[δοκεῖ μ[οι]
[π]ασῶν τῶν πολειτηῶν εἶναι μίαν καὶ τὴν αὐτὴν νέαν
[νουμηνίαν
τὴν τοῦ θηοτάτου Καίσαρο[ς γ]ενέθλιον (4)...

« volonté divine, pour que ce soit une occasion d'honorer
« l'empereur ; et comme il est difficile d'exprimer dignement
« notre reconnaissance pour tant de bienfaits de sa part, si ce
« n'est en inventant quelque nouveau moyen d'y répondre ;
« comme en outre, l'introduction de ce nouvel anniversaire,
« le même pour tous, serait plus agréable à l'humanité si
« chacun y joignait le plaisir de son entrée en fonctions : je
« propose que tous les citoyens commencent l'année en
« même temps, le jour de l'anniversaire du très divin César...

(1) τιμή est appliqué à Dieu ou au Christ par le N. T. : I Tim., 1, 17 ; 6, 16 ; Apoc. 4, 9 (avec εὐχαριστία), 11 ; 5, 12, 13 ; 7, 12.

(2) Cf. plus haut, p. 57 la notice sur εὐεργετής ; Act. 10, 38, Pierre dit de Jésus διῆλθεν εὐεργετῶν.

(3) εὐχαριστεῖν est très fréquent dans les décrets honorifiques ; cf. Gerlach, p. 49 ; Milligan, Thess. I, 3, 9 (p. 41) ; on le trouve déjà dans le décret des Byzantins dans le *Pro Corona* (Dem. 257,2 éd. Blass I, 273). Le N. T. marque l'objet de la reconnaissance par ἐπί (dat. chose : I Co, 1, 4 ; cf. Priène, 64, 3), περί (gén. pers. II Th. 1, 3) ou ὑπέρ (pers. : Eph. 1, 16 ; chose : I Co. 10, 30. Eph. 5, 20).

(4) γενέθλιος. L'usage de fêter l'anniversaire des princes est très ancien. Schürer³ I, 44, note que la Genèse parle déjà de celui de Pharaon. Les Priéniens rendaient un culte public au roi Lysimaque le jour de son anniversaire. (Priène, 14, 22). Le mot γενέθλιος ne se trouve pas dans le N. T. Il est entré

30   Ἔδοξεν τοῖς ἐπὶ τῆς Ἀσίας
Ἕλλη[σι]ν, [γνώ|μη] τοῦ ἀρχιερέως Ἀπολ[λ]ων[ί]ου [τοῦ
[Μηνο]φίλου Ἀζα[νί]του
[ἐπειδὴ ἡ πάντα διατάξασα τ]ὸν [βίον ἡμῶν πρόνοια (1) σπου-
[δὴν εἰσενεγκα]-
[μ]ένη [καὶ] φ[ιλοτιμί]αν τὸ τελειότατο[ν τῶι βίωι διεκόσμησεν]
ἐνενκαμένη τὸν Σεβαστόν, ὃν εἰς εὐεργε[σ]ίαν ἀνθρώπων ἐπλή]-
35 ρωσεν (2) ἀρετῆς, ὅσπερ (3) ἡμεῖν καὶ τοῖς μεθ' ἡ[μᾶς σωτῆρα
[πέμψασα]
τὸν παύσαντα μὲν πόλεμον, κοσμήσοντα [δὲ πάντα (4), φανεὶς δὲ]
[ὁ] Καῖσαρ τὰς ἐλπίδας τῶν προλαβόντων. . . . .

« Décision des grecs d'Asie, sur la proposition de l'archi-
« prêtre Apollonios :

« La Providence qui règle le cours de notre vie a fait
« preuve d'attentions et de bonté et a pourvu au bien le plus
« parfait pour la vie en produisant l'Empereur, qu'elle a
« rempli de vertu, pour en faire un bienfaiteur de l'huma-
« nité; ainsi elle nous a envoyés, à nous et aux nôtres un
« sauveur qui a mis fin à la guerre et qui rétablira l'ordre
« partout : César, par son apparition, [a réalisé] les espé-
« rances des ancêtres;

plus tard de façon tragique dans la langue chrétienne lorsqu'on a fêté ce jour
de joie universelle en livrant des martyrs aux bêtes (p. ex. *Passio. S. Perpe-
tuae* 7, 9 ; 16, 3. Eusèbe, *De Mart. Pal.* VI, 2). Γένεσις employé Gen. 40, 20 se
trouve dans notre inscription l. 48 : ἀπὸ τῆς ἐκείνου γ[ενέ]σεως ἄρχειν τῷ βίῳ
τὸν χρόνον; il est employé dans le N. T. à propos de la naissance de Jean-
Baptiste, Luc 1, 14 : πολλοὶ ἐπὶ τῇ γενέσει αὐτοῦ χαρήσονται.

(1) πρόνοια au sens de Providence (cf. Priène, 11, 11) ne se trouve pas dans
le N. T. Le mot y signifie sollicitude, soins (Act. 24, 3) et Ro. 13, 14 πρόνοιαν
ποιοῦμαι signifie prendre soin de, se préoccuper de. C'est là une formule fréquente dans les inscriptions : Priène, 19, 33) 2e moitié du iiie s. av. Chr.) 66,
19; 71, 26 (iie s. av. Chr.) 111, 208 (ier s. av. Chr.) cf. Gerlach., p. 86 ss.

(2) Cf. Luc, 2, 40 : Jésus se fortifiait, πληρούμενον σοφίας.

(3) = ὥσπερ (note de l'éditeur).

(4) Harnack traduit : aller Fehde wird er ein Ende machen und Alles herrlich
ausgestalten.

ἔθηκεν, οὐ μόνον τοὺς πρὸ αὐτοῦ γεγονότ[ας εὐεργέτας ὑπερβα]-
λόμενος, ἀλλ' οὐδ' ἐν τοῖς ἐσομένοις ἐλπίδ[α λιπὼν ὑπερβολῆς],
40 ἦρξεν δὲ τῶι κόσμωι τῶν δι' αὐτὸν εὐαγγελί[ων ἡ γενέθλιος]
τοῦ θεοῦ (1)....

« non seulement il a dépassé les précédents bienfaiteurs de
« l'humanité, mais encore il ne laisse à ceux de l'avenir
« aucun espoir de l'emporter sur lui. Le jour de naissance
« du dieu a été pour le monde le commencement des bonnes
« nouvelles qu'il apportait. »

Il n'aurait sans doute pas fallu beaucoup de retouches à
ce texte pour que 50 ans plus tard un chrétien puisse l'appliquer au Christ. Un Sauveur qui réalise les espérances des
ancêtres ; qui a pour l'humanité une importance unique ; si
grand qu'il est impossible qu'il soit jamais dépassé; dont la
naissance marque le début d'une ère nouvelle : autant d'attributs que l'on pourrait croire créés par la piété chrétienne
et qui se lisent pourtant dans une inscription païenne, de
peu antérieure à la naissance de Jésus. Sans insister davan-
tage sur cette communauté de sentiments, dont l'importance
est grande pour l'histoire des religions, il nous faut relever
dans le détail quelques points de contact particulièrement
frappants.

ἀρχιερεύς.

Ce titre si fréquent dans le N. T. n'est devenu courant
dans l'antiquité profane qu'à l'époque hellénistique (2). Les
LXX, qui l'emploient aussi l'ont donc pris à la langue de

(1) Cette phrase intéressante par la présence du mot « évangile » est difficile à rendre, en particulier le δι'αὐτόν. Harnack : Der Gerburtstag des Gottes
hat für die Welt die an ihm sich knüpfenden Freudesbotschaften [Evangelien]
heraufgefürht. Deissmann : Es war aber der Geburtstag des Gottes für die
Welt der Anfang der Dinge, die um seinetwillen Freudenbotschaften sind.
Lietzmann (Theologische Studien u. Kritiken, 1909, p. 161) : Die erste der
durch ihn gebrachten Freudesbotschaften war der Geburtstag des Gottes.
(2) Cf. Brandis, dans Pauly-Wissowa, II, 477 ss.; Daremberg et Saglio, I,

leur temps, mais il faut noter qu'ils lui préfèrent la locution ἱερεὺς μέγας.

A l'époque impériale il désigne le prêtre chargé du culte provincial de Rome et de l'empereur ; ainsi dans notre inscription (l. 31 et 78) celui du κοινὸν Ἀσίας (1) ; de même n° 222, base de statue en l'honneur d'un empereur dont on ne peut déchiffrer le nom, on lit : ἐπὶ ἀρχιερέως Ῥώ|μης καὶ Αὐτοκράτορος | [Καίσαρος Θ]εοῦ Σεβασ[τοῦ... Il faut signaler enfin, comme parallèle aux textes de l'épître aux Hébreux où Jésus est appelé ἀρχιερεύς (2, 17 ; 3, 1 ; 5, 10 ; 6, 20 ; 7, 26 ; 8, 1 ; 9, 11) et ἀρχιερεὺς μέγας (4, 14), que le titre latin de « Pontifex Maximus », réservé aux empereurs, était rendu en grec par ἀρχιερεὺς μέγιστος (2).

εὐαγγέλιον.

L'idée qu'une bonne nouvelle a commencé pour le monde avec la naissance d'Auguste est un des plus remarquables points de contact entre notre inscription et le N. T., car aucun mot n'a reçu plus profondément que le mot Évangile l'empreinte du christianisme. Il a cependant été employé de tous temps dans la langue grecque, et avait même un sens religieux dans l'expression εὐαγγέλια θύειν, offrir un sacrifice lors de la réception d'une bonne nouvelle (3). Nous voyons qu'il a passé dans la langue des inscriptions impériales, avec un sens qui prépare singulièrement celui que lui a donné le

p. 374 ; P. Stengel, p. 43 ; Thieme, p. 21 ss. ; et sur les ἀρχιερεῖς de Jérusalem, Schürer³, II, p. 200, et 221-224.

(1) Cf. Brandis, art. cit., p. 478 ; P. Monceaux, *De communi Asiae provinciae*, Paris, 1885, chap. iii, p. 47 et p. 123 ss., étudie l'influence de ce culte provincial sur l'organisation ecclésiastique du christianisme primitif ; Harnack, *Mission*², II, p. 254, n. 2.

(2) Cf. Magie, p. 31 et 64 ; Deissmann, *Licht vom Osten*², p. 271.

(3) P. Stengel, p. 96, cite Xen. *Hell.*, IV, 3, 14. Les tablettes magiques nous apportent un exemple intéressant : une personne inconnue fait vœu de sacrifier (εὐαγγέλια θύσω) aux déesses de la vengeance (Πραξιδίκαι) et à Hermès s'ils le délivrent d'un certain Manès (*IG*, III, 3, *Appendix*, 109, 7, Attique. L'éditeur Wünsch relève la même idée dans *Pap. Par.*, 2094 et *CIL*, X, 8249, 14 : Dii inferi, si illam video tabescentem, vobis sacrificium...)

christianisme. Signalons que le texte de Priène n'est pas
isolé, M. Deissmann (1) relève le mot au singulier dans un
papyrus de la Bibliothèque royale de Berlin. Un fonctionnaire égyptien écrit à l'un de ses subordonnés à propos de
la nomination de G. Julius Verus Maximus comme César :

ἐπεὶ γν[ώ]στ[ης ἐγενόμην τοῦ]
εὐαγγελ[ίο]υ περὶ τοῦ ἀνη.
γορεῦσθαι Καίσαρα τὸν τοῦ
θεοφιλεστάτου κυρίου
ἡμῶν Αὐτοκράτορος Καίσαρος
Γαίου Ἰουλίου Οὐήρου Μαξιμίνου
Εὐσεβοῦς Εὐτυχοῦς Σεβ[αστο]ῦ
παῖδα Γάϊον Ἰούλιον Οὐῆρον
Μάξιμον Σεβαστόν
χρή, τιμιώτατε, τὰς
θεὰς κωμάζεσθαι.

« Comme j'ai appris la bonne nouvelle que Gaius Julius
Verus Maximus Auguste, le fils de notre empereur chéri
des dieux, Gaius Julius Verus Maximinus, le pieux et heureux
Auguste, a été nommé César, il faut, mon très honoré, faire
une procession des déesses ».

θεῖος, θεός.

Le fait que le mot θεός est appliqué de façon constante aux
empereurs peut être banal pour l'historien de l'empire
romain (2); pour celui qui étudie le christianisme primitif, il a
au contraire une très grande importance, car mieux qu'aucun autre il permet de constater combien la langue de
l'Église a été préparée par la terminologie officielle du
monde contemporain (3). A qui s'étonne de la rapide divini-

(1) *Licht vom Osten²*, p. 277.
(2) Cf. Magie, p. 31 et 66 : in titulis passim.
(3) Cette idée est développée par A. Harnack, *Dogmengeschichte⁴* (1909),
p. 138, n. 1, comme dans tout le chapitre, *Die religiösen Dispositionen der
Griechen und Römer*, p. 133 ss.

sation de Jésus, il faut rappeler que tous les attributs de la
divinité étaient, depuis les Ptolémée, appliqués à des hommes, et de leur vivant. L'adjectif θεῖος, également, est fréquent dans les inscriptions impériales (1), et nous avons
trouvé à Priène son superlatif (l. 22) qui n'apparaît pas dans
le N. T. (2). L'expression θεοῦ υἱός (3) se lit également à
Priène dans la dédicace suivante :

> Ὁ δῆμος Ἀθηνᾶι [Π]ολιάδι καὶ
> [Αὐτ]οκράτορι Καίσαρι θεοῦ υἱῶι Σεβαττῶ[ι καθιέρωσεν]
>
> Priène 157 ; cf. 158 et 159.

Dans d'autres inscriptions le prédécesseur est désigné par
θεὸς πατήρ (3) ; enfin nous trouvons dans une inscription de
Soknopaiou Nèsos (Dimeh) du 16 mars 24 avant Chr. l'expression θεὸς ἐκ θεοῦ, intéressante pour les luttes dogmatiques
des siècles suivants (4).

<h3 align="center">κύριος.</h3>

L'inscription que nous avons étudiée ne donne pas à Auguste le titre de κύριος. C'était cependant le cas très souvent

---

(1) Cf. Deissmann, *Licht vom Osten*², p. 262, n. 3.

(2) Cf. en outre un décret des Éphésiens en l'honneur d'Antonin le Pieux,
où l'on remarquera également les expressions θεὸς πατήρ, βασιλεία et l'idée de
sauver le genre humain :

> ἐπειδὴ, κατὰ τὰς κοινὰς τῆς οἱ[κουμένης]
> εὐχὰς ὁ θειότατος καὶ εὐσε[βέστατος]
> αὐτοκράτωρ Τίτος Αἴλιος Ἀντ[ωνεῖνος]
> τὴν παρὰ τοῦ θεοῦ πατρὸς πα[ραγευομένην]
> αὐτῷ βασιλείαν παραλαβὼν π[ᾶν μὲν τὸ τῶν]
> ἀνθρώπων ἀνασώζει γένος...

(*Revue Archéologique*, 37 [1900], p. 331 = Th. Mommsen, *Jahresheft des
Oest. Arch. Inst. in Wien*, 1900, p. 1 ss.).

(3) Cf. Deissmann, *Licht vom Osten*², p. 260 ss.

(4) Seymour de Ricci, *Bulletin épigraphique de l'Égypte romaine*, *Archiv*,
II, p. 430 : Ὑπὲρ Καίσαρος Αὐτοκρά|τορος θεοῦ ἐκ θεοῦ... Deissmann, *Licht vom
Osten*², p. 258, n. 6, cite cette inscription (d'après Dittenberger, *Orient*. 655)
et remarque que l'expression θεὸς ἐκ θεοῦ se trouve déjà dans la pierre de
Rosette, en l'honneur de Ptolémée V Épiphane (196 av. Chr. Dittenberger,
Orient., 90, 10).

et ὁ κύριος sans autre déterminatif suffisait à désigner l'empereur, comme le montre l'inscription de Priène 230, 5, où un proconsul est appelé ὁ τῶν κυρίων ἐπίτροπος (196-212 ap. Chr. Les κύριοι sont Septime Sévère et Caracalla (ou Caracalla et Geta) (1). Sur ce point encore la langue impériale était l'héritière de celle des cours orientales, en particulier de celle d'Égypte. Le mot κύριος était si fréquent qu'il avait pénétré jusqu'en Palestine : Th. Zahn (2) pense même que transcrit sous la forme קִרְיִי il a pu être adressé à Jésus ou employé par lui (Matth. 7, 21 ; 13, 27 ; 21, 30. Jean, 13, 13). On sait enfin qu'il était l'attribut d'un très grand nombre de divinités (3), et toutes ces constatations donnent un relief particulier aux paroles de l'épître aux Philippiens (4) : « Dieu l'a souverainement élevé (Jésus) et lui a donné un nom qui l'emporte sur tous les noms, afin que toute langue confesse que Jésus-Christ est le Seigneur (κύριος) », ou encore à I Cor. 8, 5 ss. : « Il y a beaucoup de Dieux et beaucoup de Seigneurs (κύριοι); mais nous n'avons qu'un seul Dieu, le Père, et un seul Seigneur (κύριος), Jésus-Christ ». C'est le premier contact de la religion nouvelle et du monde grec : Paul a conscience de parler la langue des cultes païens ; mais il la leur prend et lui imprime le cachet de l'exclusivisme et du monothéisme chrétiens.

κτίστης

Dieu n'est appelé qu'une seule fois Créateur dans le N. T. :

-----

(1) Hatch, *Illustrations of N. T. usage*, p. 139, note que les premiers empereurs avaient rejeté ce titre comme une offense (d'après Ovide, *Fast.* 2, 142 ; Suétone, *Aug.*, 53 ; Tacite, *Ann.*, 2, 87 ; Suétone, *Tibère*, 27).

(2) *Einleitung*³, I, p. 43 ss.

(3) J'en compte 28 dans le *Lexikon der griechischen and römischen Mythologie* de Roscher, II, p. 1755-1769.

(4) Phil., 2, 9 ss. Ce parallèle et les suivants sont empruntés à la remarquable étude de Deissmann, *Licht vom Osten*², p. 263-268, où l'on trouvera une abondante bibliographie sur ce point spécial ; cf. en particulier F. Kattenbusch, *Das apostolische Symbol*, II, Leipzig, 1900, p. 605 ss. et Milligan, Thess, p. 136 ss. (note D : The divine Names in the Epistles).

1 Pierre 4, 19. Il faut signaler comme parallèle que dans l'inscription de Priène 229, Domitien reçoit le titre de κτίστης τῆς πόλεως, et que dans plusieurs autres inscriptions Hadrien et Trajan portant celui de ὁ τῆς οἰκουμένης κτίστης (1).

σωτήρ

A la ligne 35 de notre inscription, le mot σωτῆρα est reconstitué par les éditeurs : telle est la fréquence de cette épithète dans les inscriptions impériales! Elle a été étudiée en particulier par A. Harnack (2) et P. Wendland (3) dans le remarquable article déjà cité. De ces travaux il résulte que le mot σωτήρ, réservé d'abord aux divinités, a été appliqué ensuite aux souverains, comme εὐεργέτης, κτίστης, θεός, etc. C'est ainsi que Démosthène déjà reproche aux Thessaliens et aux Thébains leur attitude à l'égard de Philippe : φίλον, εὐεργέτην, σωτῆρα τὸν Φίλιππον ἡγοῦντο · πάντ' ἐκεῖνος ἦν αὐτοῖς (4). Par les Ptolémées et les Séleucides, le titre est arrivé ensuite aux empereurs romains, dès l'époque de César (5) ; et un grand nombre de ses successeurs l'ont reçu, comme on peut s'en rendre compte en consultant le relevé des nombreuses inscriptions établi par Magie (6). Dans cette liste on remarque, comme analogie la plus frappante avec le N. T., la formule σωτὴρ τοῦ κόσμου. Car ce titre aussi, les empereurs l'ont porté avant le Christ et cela fait un intéressant contraste avec l'affirmation des premiers chrétiens que Jésus est le seul Sauveur : οἴδαμεν ὅτι οὗτός ἐστιν ἀληθῶς ὁ σωτὴρ τοῦ κόσμου (7).

(1) Magie, p. 68 : Trajan (*CIG*, 2349 m.). Hadrien (*CIG*, 2572 ; 2573 ; 2574.) ; cf. *BCH*, 1909, p. 404, Catalogue du Musée de Brousse (Αὐτοκράτορι Ἀδριανῷ Ὀλυμπίῳ σω|τῆρι καὶ | κτίστη).

(2) Der Heiland, *Die christliche Welt*, 14 (1900), n° 2.

(3) Cf. p. 69, n. 1.

(4) Démosthène, *De Corona*, 43, cité par Wendland, art. cit., p. 338.

(5) *CIG*. 2369, peut-être après sa mort : σωτὴρ τῆς οἰκουμένης.

(6) P. 67.

(7) Jean 4, 42; I Jean, 4, 14; cf. Deissmann, *Licht vom Osten*², p. 276.

Faut-il penser qu'un tel parallélisme, portant sur des termes aussi essentiels de la langue religieuse, est purement extérieur et fortuit; que le christianisme, donnant à ces mots un autre sens (1), il importe peu à son histoire qu'ils aient été employés avant lui? Cette fin de non recevoir serait peu scientifique et laisserait subsister le problème. Les citoyens romains, adorant leur empereur, ont parlé les premiers d'un Sauveur du genre humain, d'une bonne nouvelle qu'il apporte au monde; ils en ont fait le Seigneur et le Dieu d'une religion universelle. Ce sont des faits importants, car cette religion officielle avait une terminologie fixe, connue de tous. Mais avant de se hâter de conclure à une influence de la langue du culte impérial sur celle du christianisme, il faut consulter l'histoire et relire les martyrologes. Nous relevons à distance des analogies d'expression; mais c'étaient pour les premiers chrétiens autant d'alternatives douloureuses : comme Seigneur, comme Sauveur, comme Dieu, ils avaient à choisir entre l'Empereur et le Christ (2). La question est donc plus complexe. S'il s'agit d'une influence, c'est une influence par contraste : le christianisme, intolérant parce que monothéiste, a réclamé pour son Sauveur et pour son Dieu les épithètes les plus élevées de la religion universelle, il les a reprises, et nous pouvons bien dire qu'il en a approfondi le sens et la valeur religieuse.

(1) Cette idée est développée pour σωτήρ par W. Wagner (*Über σώζειν und seine derivata im N. T.*, Z. N. W., 1905, p. 205 ss.) : chez les Grecs le mot signifiait aide, qui apporte la délivrance; dans le N. T., Sauveur qui fait passer de la mort à la vie.

(2) Cette contradiction apparaît déjà dans le martyre de Polycarpe : celui-ci refuse d'appeler l'empereur κύριος (Pol. VIII, 2. O. v. Gebhardt, *Acta martyrum selecta*, Berlin, 1902, p. 4). Elle se retrouve fréquemment. Mart. S. Cononis, III, 2 (Gebhardt, p. 130), il s'agit de l'expression μέγας βασιλεύς; cf. Passio SS. Scilitanorum (Gebhardt, p. 23), etc. Le contraste est également accentué dans la date d'un grand nombre d'Actes : par exemple après avoir donné la date d'après l'année de l'empereur régnant, le Mart. S. Pionii ajoute : κατὰ δὲ ἡμᾶς βασιλεύοντος τοῦ κυρίου ἡμῶν Ἰησοῦ Χριστοῦ · ᾧ ἡ δόξα εἰς τοὺς αἰῶνας τῶν αἰώνων, ἀμήν. (XXIII, Gebhardt, p. 114) cf. aussi Passio SS. Scilitanorum, Epilogus (Gebhardt, p. 27) et Mart. Pol. XXI (Gebhardt, p. 10). Plusieurs de ces textes sont notés déjà par Deissmann, *Licht vom Osten*², p. 268.

III. Les expressions de la piété et de l'idéal moral.

Après avoir, au hasard de notes philologiques, relevé bien
des points de contact entre le N. T. et la culture grecque,
il faudrait, dans un dernier paragraphe, étudier les dispositions religieuses et morales des habitants de Priène, et se
demander quelles attaches l'Évangile pouvait y trouver. Nos
inscriptions, si riches qu'elles soient, ne permettent malheureusement pas de résoudre ce problème. Il faudrait pouvoir
les compléter par des documents de toute nature nous disant
par exemple quelles prières on prononçait dans les temples,
à quelles réunions servait le sanctuaire de la Porte de l'Ouest,
quelles pièces on donnait au théâtre, quels auteurs on lisait
dans les maisons ou à l'école, ce que contenait la correspondance des particuliers, etc... La pierre est froide et ne
nous renseigne que sur la vie officielle.

Les Priéniens ont été des gens religieux : l'abondance des
temples le prouve, le grand nombre de statuettes, de divinités domestiques trouvées dans les maisons le confirme,
ainsi que les dédicaces de toute nature et les inscriptions
consacrées à la déesse Fortune, Ἀγαθὴ Τύχη (Index, p. 254).
Mais cette religiosité ne réussit pas à s'exprimer autrement
dans les textes. Tout au plus pouvons-nous constater qu'ils
étaient scrupuleux et ponctuels dans la célébration de leur
culte : des citoyens sont souvent félicités d'avoir accompli
les cérémonies d'une façon digne de la Divinité et de la Ville
(par ex. 109, 215-220 — vers 120 av. Chr.), d'avoir offert
les sacrifices convenables (τὰς πρεπούσας θυσίας, 113, 70) et
traditionnels (τὰς εἰθισμένας καὶ τὰς πατρίους, 113, 40 — après
84 av. Chr.; cf. 117, 68 ; 108, 334, etc.). On parle alors de
leur piété : εὐσέβεια, ὁσιότης.

Le mot εὐσέβεια est fréquent dans le N. T., mais il n'est
employé que par les Actes (3, 12) les épîtres Pastorales et
II Pierre, toujours avec le sens de piété envers Dieu. Il a

aussi ce sens à Priène, où des citoyens sont souvent loués ἐπὶ τῇ πρὸς τὸ θεῖον εὐσεβείᾳ (117, 63 ; 118, 33, cf. 109, 138 ; 110, 16, etc.) (1).

ὁσιότης et ὁσίως sont appliqués à la piété à l'égard de Dieu (108, 30 ; 111, 213), à la piété filiale (108, 16) et même à une attitude juste et bienveillante à l'égard des hommes (61, 12 — av. 200 av. Chr.). Il faut relever dans le N. T. la locution ὁσίως καὶ δικαίως (I Thess. 2, 10), qui se trouve trois fois dans les inscriptions de Priène (60, 8, ii⁰ s. av. Chr. ; 46, 12 ; 119, 12, i⁰ʳ s. av. Chr.) et ἐν ὁσιότητι καὶ δικαιοσύνῃ désignant la piété envers Dieu (Luc 1, 75. Eph. 4, 24).

Les inscriptions honorifiques nous font d'autre part assister à la vie publique des **Priéniens**. Nous pouvons, d'après elles, nous faire une idée de leurs préoccupations et de leurs goûts. Sans doute le rapport avec le N. T. n'est pas direct, c'est le plus souvent un contraste ; il vaut la peine cependant de relever quelques traits caractéristiques.

Les jeux (2) de toute sorte constituent le plaisir le plus recherché : celui qui s'ingénie à les varier (3) et qui fonde de nombreux prix peut être sûr de la reconnaissance du peuple. Les dons en nature sont aussi un excellent moyen de se la concilier : Moschion, vers 129 avant Chr. distribue ainsi du blé et de l'argent (4) et rend à la ville de nombreux services, car, nous dit-on, « il avait pour principe que sa fortune était le bien commun de tous les citoyens » (5).

---

(1) Ce mot est d'ailleurs classique. Relevons-le encore dans une inscription de Délos (Inv. 548) récemment publiée par P. Roussel et J. Hatzfeld (*B. C. H.*, 1909, p. 481) : εὐσεβείας ἕνεκεν τῆς περὶ τ[ὸ] ἱερόν (vers 251 av. Chr.) ; cf. d'autres textes dans Moulton, *Notes*, 1909, I, p. 382.

(2) Cf. Index, p. 260, ἀγών, p. 261, ἆθλον et plus haut, p. 36, βραβεῖον. L'image du combat et du prix qui se trouve plusieurs fois dans le N. T. (cf. surtout 2 Tim., 4, 7) devait être particulièrement frappante pour l'homme antique.

(3) Priène, 112, 91.

(4) Priène, 108, 58-77.

(5) Id., l. 91 : διαλαβ[ὼν κ]οινὴν εἶναι τὴ[ν] οὐσίαν πάν|των τῶν πολιτῶν.

Dioscouridès, au Ier s. av. Chr., après avoir organisé des jeux, distribue de la viande aux lutteurs et admet à ce privilège les esclaves qui, par leur mauvaise fortune n'y participent pas d'ordinaire (1). Un peu plus tard, c'est un étranger, Aulus Aemilius Zosimus qui multiplie les bienfaits, et se voit décerner, vers 84 av. Chr. et dans les années suivantes trois inscriptions honorifiques (2). On y vante, par exemple le soin avec lequel, comme grammateus, il tient au courant les archives de la ville, et les relève en double sur parchemin et sur papyrus (3). Comme gymnasiarque, il est sans égal : il offre des bains gratuits aux éphèbes et à leurs maîtres, et les jours de fête, cet avantage s'étend à tous les habitants (4); il met gratuitement de l'huile et de l'onguent à la disposition de ceux qui utilisent le gymnase, aux grands jours même, des parfums (5); il a le plus grand soin de l'éducation des enfants, de leur développement physique et intellectuel; il donne de nombreux accessoires pour la gymnastique et les jeux, il s'assure les services d'un inspecteur des études littéraires (6) et sait, d'une façon générale, faire des maîtres ses collaborateurs (7). Pour attirer les élèves au gymnase, il imagine même de le faire chauffer en hiver (8). Non content d'offrir des jeux très brillants, il sait divertir la foule en faisant venir, à ses frais, un pantomime nommé Ploutogène, qui semble avoir été spécialement goûté du public (9); une autre fois

(1) Priène, 123, 7 ss. L'euphémisme est joli : τὸν δὲ τόπον κοινοποιησά[με]νος καὶ τοῖς διὰ τύχην κα[κὴ]ν μὴ μεταλαβοῦσιν αὐτοῦ. Cf. 113, 56. Il est intéressant au point de vue social de remarquer que les esclaves de Priène ont souvent part aux réjouissances offertes au peuple, et sont généralement désignés par οἰκέτης (Index, p. 271, 287).

(2) Priène, inscriptions 112, 113 et 114.

(3) Priène, 112, 23; 114, 10, cf. plus haut, p. 64, n. 2.

(4) 112, 76; 113, 76.

(5) 112, 60; 113, 78.

(6) Cf. plus haut, p. 56, ἐπιστάτης.

(7) Priène, 113, 26 ss.

(8) Priène, 112, 96 ss.; peut-être s'agit-il de bains chauds. Cf. Wiegand-Schrader, p. 276, 277.

(9) Priène, 113, 66.

ce sont des musiciens, parmi lesquels un joueur de cithare (1).
Enfin, son plus grand mérite est certainement d'avoir, aux
jours de grande fête, invité tous les habitants de la ville
et de leur avoir offert des dîners inoubliables (2).

A de tels bienfaiteurs on décernait des couronnes d'or (3)
et des statues de marbre ; on consacrait en outre, des inscriptions, à détailler avec complaisance leurs vertus. La
nature de ces documents nous invite à en user avec réserve
et l'exagération dans la louange fait souvent soupçonner la
flatterie. Il faut nous garder, sans doute, d'en tirer des
conclusions sur les vertus réelles des habitants de Priène ;
mais ces textes sont précieux parce que nous pouvons y
relever ce que le peuple tenait pour bon, et étudier comment il exprimait son idéal moral (4).

Il est intéressant de retrouver parmi ces expressions un
bon nombre de termes employés aussi dans les parties
morales des épîtres pauliniennes et surtout dans les Pastorales. Nous en avons étudié déjà un certain nombre, parmi
lesquelles il faut rappeler ἀναστροφή, ἀναστρέφομαι (5), désignant l'ensemble de la conduite morale, et σπουδή (6), le
zèle à faire le bien. Signalons ici quelques nouveaux parallèles.

I Tim. 3, 1 ss., Tite 1, 6 ss. donnent des prescriptions
détaillées relatives à la conduite et au caractère de l'évêque.
Il lui est recommandé, en particulier, d'être δίκαιος, ὅσιος (7),
ἀφιλάργυρος, ἀνέγκλητος, ἐπιεικῆς, σώφρων, φιλάγαθος. Plusieurs citoyens de Priène sont loués de même d'avoir été

____

(1) Priène, 113, 80 : κιθαρῳδός, cf. Apoc., 14, 2 ; 18, 22.

(2) Priène, 113, 37 ss., 84 ss., etc.

(3) Cf. Index, p. 294, στέφανος. L'image de la couronne est chère au N. T.,
par exemple I Pierre, 5, 4.

(4) Deissmann, *Licht vom Osten*, p. 232 ss., nous donne sur ce sujet de
nombreuses et utiles directions.

(5) Cf. plus haut, p. 31.

(6) Cf. plus haut, p. 53. De même εὐάρεστος (p. 32), ἐκτένεια (p. 40), φιλανθρωπία (p. 53), etc.

(7) Cf. plus haut, p. 81.

irréprochables (19, 30 ; 23, 9, iiiᵉ s. av. Chr. ; 44, 17, iᵉʳ s. av. Chr.) ἀνέγκλητοι dans l'exercice de leurs fonctions ; un autre, ayant été nommé ἀντιγραφεύς, contrôleur des contributions, s'est acquitté de sa charge ἐπιεικῶς, convenablement, équitablement. Zosimus, chargé de l'éducation des enfants, y a présidé avec sagesse (προέστη... α[ὐτῶν] | τῆς ἀγωγῆς σωφρόνως, Priène, 114, 20, cf. 44, 17 ; 121, 3), et Athenopolis, un autre bienfaiteur du peuple, s'est toujours montré ami du bien (Priène, 107. 10 : φιλά|γαθον ἑαυτὸν παρεχόμενος ἐν πᾶ[σιν] ; id. 16 : οὐδεμιᾶς λειπόμενος φιλαγαθίας (1) vers 130 av. Chr.). Enfin on lit le mot ἀφιλάργυρος dans l'inscription 137,5, du iiᵉ s. av. Chr.

Eph. 6, 7, il est recommandé aux esclaves de servir μετ᾽ εὐνοίας, de bon cœur, avec affection. C'est un terme qu'ils comprenaient certainement, car les Grecs honoraient rarement un citoyen sans parler de son εὐνοία, de sa bienveillance, de son amour pour la ville (2). Etre utile à ses concitoyens et au peuple tout entier était de même une vertu essentielle (3). Les chrétiens ont repris aussi le mot εὔχρηστος, mais en l'appliquant au service de Dieu : « celui qui veille sur sa pureté sera un vase destiné à un noble usage, utile à son maître » (II Tim., 2, 21).

Ailleurs Paul demande aux Corinthiens de participer avec bonne volonté, avec ardeur, προθυμία (4) à la collecte en faveur des Eglises de Palestine (II Co. 8, 19 ; 9, 2). Ce mot n'est pas rare non plus dans les inscriptions. Nous apprenons par exemple que Megabyzos d'Ephèse a contribué avec toute sa bonne volonté à l'achèvement du temple d'Athéna :

---

(1) Φιλαγαθία motive très souvent les décrets honorifiques ; cf. Gerlach, p. 60.

(2) Μετ᾽ εὐνοίας. Priène, 71, 32 ; cf. Index, p. 277. En outre, Gerlach, p. 59 et Moulton, *Notes*, 1909, II (April), p. 382, relèvent de nombreux exemples.

(3) Priène, 105, 5 (100 av. Chr.), προ[γ]όν[ων δὲ ὄντα γε]γενημένων εὐχρήστων | κοινῇ τε τῶ[ι δήμ]ωι καὶ κατ᾽ ἰδίαν ἑκάστωι τῶν π[ολιτῶν].

(4) Sur l'expression μετὰ πάσης προθυμίας (Act., 17, 11), cf. Deissmann, *N. B.*, p. 82, Thieme, p. 24 ss.

περὶ τοῦ ναοῦ τῆς ['Αθηνᾶς] | τὴν συντέλεσιν πᾶσαν προθυμίαν π[οιησάμε]νον (Priène, 3, 7, 334/3 av. Chr.).

Quelques expressions de la reconnaissance sont également communes au N. T. et à nos inscriptions. Quand une veuve a des enfants, nous dit I Tim., 5, 4, c'est à la piété filiale de la recueillir : on doit payer ses parents de retour, ἀμοιβάς ἀποδιδόναι τοῖς προγόνοις. Le même terme est appliqué à Zosimus : ayant reçu le titre de citoyen, sa reconnaissance n'a pas été infructueuse, οὐκ ἄκαρπον τὴν τῆς τιμῆς | δέδειχεν ἀμοιβήν, mais il aima la ville comme sa patrie et le combla des bienfaits que l'on sait (112, 17). — Le verbe εὐχαριστεῖν (1) et le substantif εὐχαριστία désignent aussi très souvent la reconnaissance : le peuple l'éprouve par exemple à l'égard de ses bienfaiteurs : [γεν]όμενος ὁ δῆμος εὐχάριστος (Priène, 103, 8, vers 100 av. Chr.); le christianisme a repris ce mot et l'a appliqué à la reconnaissance envers Dieu : εὐχάριστοι γίνεσθε (Col. 3, 15).

Pour terminer, citons le résumé des vertus d'un certain Héracleitos, du Iᵉʳ s. av. Chr., qui présente avec la langue biblique un parallèle encore plus frappant : [ἀεί π]οτε μὲν πρεσβυτέ|[ρους τιμῶν ὡς γονεῖ]ς, τοὺς δὲ καθήλικας ὡς ἀδελφούς, τοὺς δὲ [νεωτέρους ὡς παῖδας, ἄμεμπτον] τὸν βίον τετήρηκεν καὶ | [...οὐδενὶ] κακῶν αἴτιος γέγονεν οὐδέποτε, πολλοῖς δὲ τῶν μεγί[στων ἀγαθῶν παραίτιος] (2) : « Honorant toujours les plus âgés « comme des parents, ceux de son âge comme des frères, les « plus jeunes comme des enfants, il a gardé sa vie irréprocha- « ble, et n'a jamais causé de mal à personne, mais a été cause « pour beaucoup des plus grands biens » (Priène, 117, 55-57). On peut rapprocher l'idée de garder sa vie irréprochable de la recommandation de Paul, I Thess., 5, 23, ὁλόκληρον ὑμῶν τὸ πνεῦμα καὶ ἡ ψυχὴ καὶ τὸ σῶμα ἀμέμπτως ἐν τῇ παρουσίᾳ τοῦ κυρίου 'Ιησοῦ Χριστοῦ τηρηθείη : c'est la même expression, mais transportée du domaine moral au domaine religieux.

_____

(1) Cf. plus haut, p. 71.
(2) Cf. plus haut p. 52.

Il en est de même de l'analogie entre le début de notre inscription et I Tim., 5, 1 : πρεσβυτέρῳ μὴ ἐπιπλήξῃς, ἀλλὰ παρακάλει ὡς πατέρα, νεωτέρους ὡς ἀδελφούς, πρεσβυτέρας ὡς μητέρας, νεωτέρας ὡς ἀδελφάς. L'analogie, qui n'est pas douteuse, est certainement accidentelle : on ne peut pas supposer que l'auteur chrétien ait connu notre inscription, pas plus qu'un autre des bords de la Mer Noire où l'on relève un éloge du même genre (1). Il s'agit simplement de phénomènes parallèles, d'une idée courante dans le monde antique

Dans ce cas, comme souvent au cours de notre étude, nous pouvons constater qu'il y avait dans la langue officielle des villes grecques des façons fixes de penser et de s'exprimer : les documents épigraphiques ont un vocabulaire restreint et abondent en formules. D'autre part, le N. T. étudié à la lumière d'un très petit nombre de ces documents nous a montré une certaine connaissance de la langue du temps ; il la parle sans doute avec des provincialismes, mais il en connait les termes techniques et les expressions favorites ; il se montre au courant de bien des détails de la vie grecque. Ce contact de la première génération de missionnaires chrétiens avec la vie de leurs contemporains est un élément d'hellénisation dont on doit tenir compte dans l'histoire des développements et des progrès du christianisme.

(1) *Inscriptiones Antiquae Orae Septentrionalis Ponti Eurini Graecae et Latinae*, éd. Latyschev, I, n° 22, 28 ss. (cf. IV, p. 266 ss.), τοῖς μὲν ἡλικιώταις προσφερόμενος ὡς ἀδελφός, τοῖς δὲ πρεσβυτέροις ὡς υἱός, τοῖς δὲ παισὶν ὡς πατήρ (cité par Deissmann, *Licht vom Osten*², p. 232, n. 8). III° ou IV° s. ap. Chr.

APPENDICE I

REMARQUES SUR LES NOMS PROPRES
DE ROMAINS XVI

Nous avons négligé jusqu'ici une partie importante du
vocabulaire de nos inscriptions : les noms propres. Ils se
trouvent naturellement dans tous les décrets, sur les bases
de statues et les pierres tombales, mais surtout dans la
longue inscription n° 313 : l'éditeur y a réuni, sous le nom de
« Τόπος-Inschriften » tous les noms que les écoliers de Priène
ont eu l'heureuse idée de graver sur les murs du gymnase
jusqu'à 3 mètres 50 de hauteur (1). Il n'est pas question de
relever ici tous ceux qui sont communs avec le N. T.,
quoique leur grand nombre soit une preuve de plus du
rapide contact de l'Évangile avec le monde grec. Avant
d'aborder un problème où les noms propres jouent un
rôle spécial, indiquons sans commentaire quelques-uns de
ceux que nous avons relevés à Priène :

Ἀνδρήας (sic. 313, 59). — Ἀπολλῶς (? 313, 16). — Δημή-

---

(1) Cf. Wiegand-Schrader, p. 274 et Priène, p. 159 et 160 (description et reproduction). Les noms sont précédés de ὁ τόπος et indiquaient la place des
éphèbes. Plusieurs autres émanent de groupes d'amis (725-731) qui s'ins-
crivaient ensemble avec la mention φιλία, ou ἐπ' ἀγαθῷ σωτηρία. La plupart
de ces inscriptions datent du Ier siècle avant Chr.

τριος (nom de l'orfèvre d'Éphèse, Act. 19, 24; 37 fois à
Priène). — Ἡρώδης (cf. plus haut, p. 21). — Μᾶρχος (prénom
romain employé seul comme nom grec, 313, 695). — Σίμων (1)
(313, 611). — Τίτος (prénom romain employé comme nom
grec, 313, 697). — Τρόφιμος (2) (313, 643). — Τυχικός (3) (322,
sur une marche de l'escalier conduisant à la terrasse d'Athéna;
date ?). — Φιλήμων (313, 658; 295, II. La dernière inscription,
du II⁰ s. av. Chr. semble provenir de la nécropole de l'Ouest).

Beaucoup de critiques ont admis que le chapitre 16 de
l'épître aux Romains était en réalité une lettre ou une fin
de lettre adressée aux Éphésiens (4). Contre cette hypothèse
on a voulu utiliser les noms propres des versets 5 à 16 :
Lightfoot (5) le premier a montré qu'un grand nombre
d'entre eux se trouvent dans les inscriptions de Rome;
Th. Zahn (6) a ajouté de nouveaux documents à la liste dres-
sée par Lightfoot. Ainsi, les gens de la maison de Narcisse
(vers. 11) seraient les esclaves de Narcissus, affranchi de
Claude, mort en 54; et comme les noms de Ampliatus,
Urbanus, Stachys, Apellès, Tryphaina, Tryphosa, Philolo-
gus et Néreus sont attestés par des inscriptions comme ceux
de serviteurs de la cour impériale, on conclut que le chapitre
est certainement adressé à Rome.

Cette argumentation ne nous paraît pas décisive. Elle le
serait s'il s'agissait d'une identification des personnages de
Rom. 16 avec ceux des inscriptions en question : mais il

____

(1) Cf. Thieme, p. 40. Deissmann, *Licht vom Osten*², p. 87, n. 14.
(2) Cf. Thieme, p. 41, Hatch, *Illustrations of N. T. Usage*, p. 146; ajouter
IG, XII 8, 581, 13; 598 (Thasos); XII 3, 1125 (Mélos, en l'honneur d'un hiéro-
phante; cf. Ziebarth, *Das griech. Vereinswesen*, Leipzig, 1896, p. 212).
(3) Cf. Thieme, p. 41; ajouter *IG*, XII 3, 914 (Thera, inscription funéraire);
XII 8, 585, 4 (Thasos).
Les exemples de la littérature pour tous ces noms et les suivants sont relevés dans le dictionnaire de Pape, *Wörterbuch der griech. Eigennamen*, 3ᵗᵉ
Aufl. Braunschweig, 1863-70.
(4) Cf. Jülicher, *Einleitung in das Neue Testament*³, 1906, p. 95.
(5) Lightfoot, *Saint Paul's Epistle to the Philippians*³, p. 171-175.
(6) *Einleitung*³ I, p. 276.

serait tout au moins aventureux de conclure de la présence
à Rome d'un certain Urbanus, à l'époque impériale, que
c'est le collaborateur de Paul, nommé Rom. 16, 9; l'identification de Narcisse avec l'affranchi de Claude n'a rien de con-
traignant, car ce nom était assez commun, et ainsi de
suite. Il s'agit donc simplement d'une certaine fréquence de
ces noms à Rome. Avant de vouloir en tirer des conclusions, il faut remarquer :

1° Que dans une capitale comme Rome, il y avait un tel
mélange de population que tous les noms de l'Empire y
étaient certainement représentés (1);

2° Que ces noms attestés à Rome le sont aussi en dehors
de Rome;

3° Que le grand nombre des noms latins ne prouve même
pas une origine occidentale, car ils se retrouvent dans des
inscriptions de Grèce ou d'Asie Mineure.

Citons quelques documents à l'appui de ces thèses, en uti-
lisant les textes rassemblés par Lightfoot, Zahn, Lietzmann (2), Thieme (3) et en y ajoutant le produit de quelques
volumes d'inscriptions récemment publiés, y compris celles
de Priène, mais sans viser à être complet.

A. Les noms suivants sont des noms grecs extrêmement
répandus, Ἐπαινετός, Ἀνδρόνικος, Ἀπελλῆς, Ἀριστόβουλος,
Τιμόθεος, Ἰάσων, Σωσίπατρος, Ἔραστος: ils se trouvent à
Priène, sauf Τιμόθεος et Ἔραστος.

B. Également répandus dans tout l'Empire sont les noms
latins suivants : Urbanus, Rufus, Julia, Lucius, Tertius,
Caius, Quartus; nous ne trouvons cependant à Priène que
Lucius et Caius.

C. Μαρία est un nom juif qui peut se trouver aussi bien à
Éphèse qu'à Rome.

D. Restent à examiner, dans l'ordre du texte :

(1) Cf. Deissmann, *Licht vom Osten*[2], p. 209, n. 1.
(2) Rom. p. 72 ss.; L. donne en outre d'intéressantes indications sur la
classe sociale à laquelle appartiennent les différents noms.
(3) P. 40 ss.

Ἰουνίας : Junianus, abréviation dont on ne connaît pas d'exemple. Lietzmann signale la forme complète comme très employée.

Ἀμπλιᾶτος : Ampliatus à Rome (CIL VI, 14918; 15509), mais aussi à Pompéi (CIL IV, 1182; 1183 et surtout IV Suppl. I, Index, p. 747), en Espagne (CIL II, 3771.), à Athènes (IG III, 1161,8; 1892) et à Éphèse CIL III, 436.

Στάχυς, Exemples à Rome, CIL VI, 8607, à Pompéi (CIL IV, 1936?), à Théra (IG XII 3, 624; 749; 1502; 1519) en Attique (ep. impériale : IG III, 1080, 37, 1095, a, 19, etc.) à Magnésie (119, 25).

Ἡρωδίων, abréviation dont on ne connaît pas d'exemple. Lietzmann signale le féminin Ἡρωδίαινα, BGU II, 542, 4.

Νάρκισσος. Narcissiani à Rome (CIL VI, 15640). Nom d'un affranchi de Claude (Suétone, Claudius, 28) et de Néron (Dion Cassius 64, 3, 4). Le rapprochement est loin d'être certain et le nom se trouve hors de Rome : Thasos IG XII 8, 548, 2 = BCH, XXIV (1900), p. 273 ss.), à Magnésie (122 d 4) et à Hiérapolis (80, cf. Thieme, p. 40).

Τρύφαινα affranchie de la maison de Claude (CIL VI, 15622, 15626); autres affranchies, à Ostie (CIL XIV, 415; 734) et à Nimes (CIL XII, 3398). Également répandu en Orient : CIG 2714 (Mylasa en Carie); à Démétrias (IG XIV 2, 1117, 3), en Égypte (BGU 890, I, 9 cité par Thieme, p. 44, n. 2); en Crète (cf. Lambertz, 1908, p. 8); nom d'une reine du Pont (Dittenberger, Sylloge, I, 365, 14, 17.) et chez Lucien, d'une courtisane (cf. Wetstein, II, p. 99.)

Τρυφῶσα, à Rome (CIL VI, 4866, 15241, 15280), à Nimes (CIL XII, 3821, 3977), à Magnésie du Méandre (160; 303; 304), à Hiérapolis (55 b 6; 177 a; cf. Thieme, p. 41), à Ténos (IG XII 5, 996), en Thessalie (IG XIV 2, 766; 1297, 22).

Περσίς signalé par Lambertz (1907, p. 15) comme nom d'esclave (IG II, 768), à Thespies (IG VII, 2074), en Égypte (BGU 895, 29 et 31.)

Ἀσύγκριτος. Peu d'exemples, tous notés par Lietzmann : Rome (CIL VI, 12565); Brundisium (CIL IX, 114) Uria

(CIL IX, 224); peut-être en Attique (IG III, 1093 h 5 ['Aτόγ-κρ[ιτος]).

Φλέγων. Outre l'historien Phlégon de Tralles, un affranchi de Claude à Rome (CIL VI, 15202), un esclave en Espagne (CIL II, 2017); un autre exemple en Espagne (CIL II, 4594) et un à Sparte (CIG 1362). Il est curieux de remarquer qu'au temps de Xénophon c'était un nom de chien (Cyn. 7, 5).

Ἑρμᾶς, nom de dieu, devenu nom d'esclave (Lambertz, 1908, p. 28). Très grand nombre d'exemples; voir en particulier Wiegand-Schrader, p. 436*, signature très fréquente sur des poteries. (Priène, 355, 3. CIL XV, 5664; 5252, sur les bords du Tibre. CIL XI, 6700, 315. Pérouse. CIL X, 8056, 164 g. Puteoli; CIL XV, 6474, 6. Rome. IG XII 3, 154; 157. Nisyros, Dittenberger, Sylloge, 753, 2. Amorgos).

Πατροβᾶς abréviation peu fréquente (cf. Fick, Die griech. Personennamen, 1894, p. 231), CIG 6864 (lieu inconnu).

Ἑρμᾶς. Esclave d'origine juive (Inscriptiones Antiquae Orae Septentrionalis Pontis Euxini, Graecae et Latinae ed. Latyschev. II, 53, cité par Lambertz, 1907, p. 35); en Égypte (P. Jouguet, BCH, 1897, p. 89, III), à Thasos (IG XII 8, 488, 1; 464; 488, 2), etc.

Φιλόλογος. A Rome (CIL VI, 4116), mais aussi bien dans l'île de Théra (IG XII 3, 339, 12; 671 a 5; 1527), à Paros (IG XII 5, 161), à Priène (313, 32).

Νηρεύς. A Rome (CIL, VI, 4344) mais aussi à Ancyre de Galatie (CIL III, 256) à Athènes (IG III, 1053, 11; 1160, 62; 1177, 49), en Thessalie (IG XIV, 555, 19).

Ὀλυμπᾶς est une abréviation fréquente : IG III, 1080, 28 (Athènes); CIL XIV, 1286 (Ostie), CIL, III, 4939 (Olympie).

Ce relevé tout incomplet qu'il soit, nous paraît montrer combien de noms grecs et romains étaient mêlés dans tout l'Empire; il est probable que quand nous posséderons les *Tituli Asiae Minoris* dont la publication est préparée à Vienne, il sera possible de relever un grand nombre

d'exemples en faveur de l'Asie Mineure : c'est dire que l'ar-
gument des noms propres est sans valeur; il faut décider
par d'autres raisons des destinataires de Rom. XVI.

APPENDICE II

LE CHRISTIANISME A PRIÈNE

Après avoir étudié au point de vue du Nouveau Testament les documents de Priène, il n'est pas inutile d'indiquer rapidement, comme complément à notre étude, ce que l'on sait sur l'histoire de la ville à l'époque chrétienne et quels monuments le christianisme y a laissé. Cette étude ayant été faite de façon complète par Th. Wiegand, nous devons nous contenter d'en résumer les principaux résultats, en y renvoyant le lecteur (1).

I. LES ÉVÊQUES DE PRIÈNE.

Il est impossible de déterminer à quelle époque le christianisme est arrivé à Priène. La plus ancienne mention de cette ville comme siège épiscopal remonte aux grands conciles du ɪᴠᵉ siècle, et pendant toute la période byzantine ce siège est cité comme dépendant de la métropole d'Éphèse (2).

(1) *Priene und Umgebung in Christlicher Zeit* (Wiegand-Schrader, p. 475 ss.)

(2) Γ. Α. Ῥάλλη καὶ Μ. Πότλη, Τὸ σύνταγμα τῶν θείων καὶ ἱερῶν κανόνων τῶν τε ἁγίων καὶ πανευφήμων Ἀποστόλων καὶ τῶν ἱερῶν οἰκουμενικῶν καὶ τοπικῶν Συνόδων, ἐν Ἀθήναις. 1852-59, p. 458 ss.

Au troisième concile œcuménique, le célèbre concile anti-nestorien d'Éphèse, nous trouvons la première mention d'un évêque de Priène, Theodosios (1) (22 juin 431). Au grand concile suivant, le concile de Chalcédoine qui dépose Dioscure, l'évêque de Priène, Isidore (2) est absent et Stephanos d'Éphèse signe pour lui les actes (25 oct. 451). Par contre, au 6ᵉ concile œcuménique qui met fin à la controverse monothélète, nous trouvons Paulos de Priène (3) (Constantinople, 680), de même qu'au 15ᵉ concile, non œcuménique de Constantinople (692) (4). Enfin, au 7ᵉ concile œcuménique, 2ᵉ concile de Nicée (787) nous trouvons encore un évêque de Priène, Ignatios (5).

Enfin, en décembre 1053, une lettre du patriarche œcuménique Constantin de Constantinople, intéressante pour le droit d'asile de l'Église nous apporte encore le nom d'un évêque de Priène, Δημήτριος ἐπίσκοπος Πρηένης, auquel on doit remettre un esclave également appelé Démétrius qui s'est réfugié dans l'église (6).

La dernière trace d'épiscopat relevé par Th. Wiegand nous amène probablement tout à la fin de la période chrétienne : c'est une lettre inédite adressée en 1270 par le patriarche Gregorios II à un évêque de Priène dont le nom n'est pas donné (7).

On sait d'autre part qu'Éphèse était tombée en 1082 aux mains des Mahométans, et il y a tout lieu de penser que c'est

---

(1) Πρακτικὰ τῶν ἁγίων οἰκουμενικῶν Συνόδων, 1, p. 475; C. J. von Hefele, *Conciliengeschichte*, Freiburg in Br., 1875, II, p. 183.

(2) Πρακτικά, II, p. 753, Hefele, p. 474.

(3) Τῶν ἁγίων Οἰκουμενικῶν Συνόδων τῆς Καθολικῆς ἐκκλησίας ἅπαντα, Rome, 1612, III, p. 337.

(4) Πρακτικά, II, p. 795; il signe Παῦλος, ἐπίσκοπος Πρινέων (sic) πόλεως τῆς Ἀσιανῶν ἐπαρχίας ὁρίσας ὑπέγραψα.

(5) Πρακτικά, II, p. 787.

(6) Ῥάλλη καὶ Ποτλή. p. 48; le texte est reproduit par Wiegand.

(7) *Sambecii comment. de bibl. Vidobon.* Cod. LXVII. *Hist. gr. eccles.* Les *Notitiæ episcopatuum* dont on trouvera le relevé dans Wiegand permettent également de suivre la ville dans toutes les listes jusqu'en 1185-95 (Τάξις μητροπόλεων).

sous l'empereur Andronikos II (1282-1328) que l'arrivée des
Turcs a fait abandonner la ville de Priène. Ces derniers ne
l'ont pas habitée eux-mêmes, comme ils ont fait à Éphèse et
à Milet, car les fouilles n'ont permis de retrouver ni mos-
quées ni tombes musulmanes; mais il est possible qu'un
tremblement de terre ait hâté la destruction de la ville,
abandonnée par la population grecque.

II. Églises et chapelles.

Les inscriptions chrétiennes de Priène sont très insignifiantes, ce sont surtout des monogrammes ou quelques mots
détachés, comme, sur les murs même du temple d'Athèna
AMBPOCIC et **ANACTACIC** (1). Par contre, les fouilles ont
mis à jour d'importants vestiges d'églises et de chapelles.
Il faut remarquer qu'elles ne sont jamais situées sur l'emplacement même des sanctuaires païens, mais toujours à côté,
ce qui est un intéressant document de la rivalité des cultes;
en outre elles sont toujours orientées.

1. Près de la porte de l'ouest, non loin de l'ἱερός οἶκος,
une église située dans une maison, et remarquable, outre ce
parallèle, par la place très petite réservée au clergé dans le
fond de l'église, disposition qui s'est perdue au ive et au
ve siècle.

2. Une grande église, située près du théâtre et pavée en
partie avec des stèles provenant du temple d'Athèna. On y

---

(1) Cf. Wiegand-Schrader, p. 83. Citons cependant l'inscription 216 trouvée
près d'un moulin sur les bords du Méandre ; Χ(ρισ)τ)ὲ ὁ Θ(εὸς) | σῶζε πα|σάν
ψυχὴν | παριοῦσαν | ἐντεῦθεν | Ἀμήν. On peut en rapprocher l'inscription funé-
raire 311, païenne, qui s'adresse de même aux passants :

    — ουσα γυ[νὴ δὲ]
    ...ου Σαμία:
    βιώσασαι καλῶι[ς]
    — ς παρόδ[ο]ις χαίρειν

(je lis παρόδοις avec Deissman, *Licht vom Osten*², p. 221,3. Le mot se trouve
dans la Bible, LXX : II Sam. 12,4. Ezéch. 16, 15 et 25; Symm : Jérémie 14,8.

remarque un pronaos, une nef séparée des bas côtés par 20 colonnes d'ordre dorique (provenant du Gymnasion) ; un chœur nettement séparé de la partie réservée aux fidèles. L'autel n'a pas, comme généralement en Orient la forme de table, mais celle d'une tombe, qui lors des fouilles ne contenait d'ailleurs plus de reliques. Enfin, au fond de l'église le ἱερατεῖον est composé du siège épiscopal et de places pour 12 ou 15 prêtres.

3. Une chapelle dans la parodos est au théâtre, qui contenait un squelette et dont les murs étaient décorés de stuc rouge brun.

4. Des traces d'une église ronde, à l'est du terrain consacré à Athéna.

5. Une chapelle au-dessus de l'Ecclésiastérion.

6. Une autre chapelle à l'est de l'Asclépicion, qui n'a pas été fouillée.

Enfin le Mycale semble avoir joué un certain rôle dans l'histoire du monachisme, sur sa côte nord, se trouve :

7. Le cloître de la Panaghia Kursuniotissa (1), dans lequel on a relevé des restes de constructions byzantines. Les habitants racontent qu'il serait la Μονὴ τοῦ ὁσίου Λαζάρου τοῦ Γαλησιώτου, un stylite des environs de 1040. On y a retrouvé un document intéressant : une peinture sur bois représentant l'évangéliste Jean ; par derrière on lit à la fin d'un texte indéchiffrable : Ἀπόστολε τοῦ Χρηστοῦ, σῶσον σεαυτὸν καὶ ἡμᾶς (ἀπὸ τὴν) ἐρήμωσιν τῆς μονῆς. Les mots ἀπὸ τὴν sont recouverts par un cachet de cire sur lequel on peut reconnaître la Vierge et l'Enfant Jésus (Ζωοδόχος πηγή) et lire les deux lettres ΠΗ (πηγή). Enfin, dans la même montagne, près du mont du Prophète Elie, se trouvait le cloître de Saint-Antoine, qui devait se composer de cinq ou six bâtiments. On y a retrouvé des motifs architecturaux qui font songer à une date très ancienne, peut-être vers 500 : ce serait un important document pour l'histoire du monachisme en Asie Mineure.

(1) Du turc Kursim, plomb : l'église aurait eu un toit de plomb.

TABLE DES MOTS GRECS

TABLE DES PASSAGES BIBLIQUES

Ancien Testament.

Genèse

    21,27.32 .. 43
    27,28 .. 43
    31,44 .. 43
    40,20 .. 72 n.

I Samuel

    20, 5 .. 23, n. 11

II Samuel

    12, 4 .. 95, n. 1

II Rois

    4,23 .. 23, n. 11

Esther

    8,13 .. 54, n. 2

Job

    1, 9 .. 32

Psaumes

    33 (34) 5 (Symm) p. 41, n. 4
    34 (35) 7 .. 32
    48 (39) 13 .. 44
    80 (81) 4 .. 23, n. 11

Proverbes

    3,2.16 .. 70, n. 1

Ezéchiel

    16,45 25 .. 95, n. 1

Jérémie

    14,6 (Symm) 95, n. 1
    20, 7 .. 39

Zacharie

    4,7 ; 6,13 .. 26, n. 1

Judith

    4,10 .. 40, n. 1

Sagesse de Salomon

    11, 5 .. 26

II Macchabées

    4,16 .. 41, n. 3
    6,22 .. 54, n. 2
    11,19 .. 52
    12,15 .. 35
    14,30 .. 29
    14,38 .. 40, n. 1

III Macchabées

    6,41 . 40, n. 1

Nouveau Testament.

Matthieu

    3, 4 .. 28
    3, 8 .. 51
    4, 2 .. 22

Apocalypse

2,8	.. 24
4,4	.. 26, n. 5.
4,6	.. 22
4,9,11	.. 71, n. 1.
5,8	.. 22, 26, n. 5.
5,12, 13	.. 71, n. 1.

Apocalypse

5,14	.. 22
7,12	.. p. 71, n. 1.
14,2	.. 83, n. 1.
18.22	.. 83, n. 1.
19,4	.. 22
22,22	.. 50

ERRATA

	au lieu de	lire
P. 2, n. 1,	H. Cremer	Th. Cremer.
« 8 « 4	p. 21 A, 41, n. 1	p. 28 et 51, n. 1.
« 9, l. 8	Th. Nageli	Th. Nägeli.
« 11, n. 3	p. 67	p. 85.
« 13 « 2	p. 49	p. 61.
« 15, l. 13	156-168	156-221.
« 17, l. 15	graeo	graeco.
« 23 « 9	ὠφέλια	ὠφέλια
« 23 « 11	II Rois 4,24	II Rois 4,23
« « « 16	Ἀριος πάγος	Ἄριος πάγος.
« 26	εὐεργέτησαν	εὐεργετήθησαν
« 27 « 8	verbes en ἰσω	verbes en -ίζω.
« 29 « 27	οῖʼ ἡμερῶν	δίʼ ἡμερῶν.
« « « 22	δι᾽ ὁλης	δι᾽ ὁλης.
« 30 « 5	παρʼ αὐτῆς	παρʼ αὐτῆς.
« 32 «	Ps. 34,8	Ps. 34,7
« 33 « 17	κατηγόρους	κατηγόρους.
« 34 « 3	ר'לנג, דנגד	לנגד, נגד
« « « 17	לדרפו	לדרכו
« 37 « 22	χωρί	χωρίς.
« 37, n. 5	Deissmann, *B A*	Deissmann, B.
« 43, l. 8 et 12	פרית	ברית
« 48 « 7	aussi Priène	aussi à Priène.
« 57 « 9	ψυγὰς	ψυχὰς.
« 58, n. 1	p. 57	p. 71.
« 62, n. 9	ἁγνείη	ἁγνείη.
« 63, n. 2	cf. plus bas, p.	cf. plus bas, p. 95.
« 83, l. 1	jouer	joueur

TABLE DES MATIÈRES

www.ingramcontent.com/pod-product-compliance
Lightning Source LLC
LaVergne TN
LVHW021725170726
843503LV00004B/1424